Joseph Ratzinger
Benedikt XVI.

DER GEIST DER LITURGIE

Joseph Ratzinger
Benedikt XVI.

DER GEIST DER LITURGIE

EINE EINFÜHRUNG

HERDER
FREIBURG · BASEL · WIEN

www.herder.de

Register: Burkhard Eidens
Umschlaggestaltung: Agentur IDee
Umschlagmotiv: © shutterstock
Satz: Brigitte Gnieser-Hensel
Herstellung: CPI Druckdienstleistungen GmbH,
Ferdinand-Jühlke-Straße 7, 99095 Erfurt

Printed in Germany

ISBN 978-3-451-32674-5

Inhaltsverzeichnis

DRITTER TEIL

Kunst und Liturgie

VIERTER TEIL

Liturgische Gestalt

ANHANG

Vorwort

Eine meiner ersten Lektüren nach dem Beginn des Theologiestudiums zu Anfang des Jahres 1946 war Romano Guardinis schmales Erstlingsbuch »Vom Geist der Liturgie«, das zu Ostern 1918 als Eröffnungsband der von Abt Ildefons Herwegen herausgegebenen Schriftenreihe »Ecclesia Orans« erschienen war und in immer neuen Auflagen nachgedruckt werden mußte. Diese kleine Schrift darf man wohl mit Fug und Recht als den Aufbruch der Liturgischen Bewegung in Deutschland bezeichnen. Sie hat ganz wesentlich dazu beigetragen, daß die Liturgie in ihrer Schönheit, ihrem verborgenen Reichtum und ihrer die Zeiten überschreitenden Größe neu als beseelende Mitte der Kirche und als Mitte des christlichen Lebens entdeckt wurde. Sie hat dazu geführt, daß man sich mühte, die Liturgie »wesentlicher« zu feiern (ein Lieblingswort Guardinis); man wollte sie von ihrem inneren Anspruch und von ihrer inneren Gestalt her verstehen lernen als das vom Heiligen Geist selbst gewirkte und gelenkte Beten der Kirche, in dem Christus immerfort neu gleichzeitig wird mit uns, in unser Leben hereintritt.

Ich möchte einen Vergleich wagen, der wie alle Vergleiche in vielem unzutreffend ist, aber doch dem Verstehen dient. Man könnte sagen, daß die Liturgie damals – 1918 – in mancher Hinsicht einem Fresko glich, das zwar unversehrt bewahrt, aber von einer späteren Übertünchung fast verdeckt war: Im Meßbuch, nach dem der Priester sie feierte, war ihre von den Ursprüngen her gewachsene Gestalt ganz gegenwärtig, aber für die Gläubigen war sie weithin unter privaten Gebetsanleitungen und -formen verborgen. Durch die Liturgische Bewegung und definitiv durch das II. Vatikanische Konzil wurde das Fresko freigelegt, und einen Augenblick waren wir fasziniert von der Schönheit seiner Farben und Figuren. Aber inzwischen ist es durch klimatische Bedingungen wie auch durch mancherlei Restaurationen oder Rekonstruktionen gefährdet und droht zerstört zu werden, wenn nicht schnell das Nötige getan wird, um diesen schädlichen Einflüssen Einhalt zu gebieten. Natürlich darf es nicht wieder übertüncht werden, aber eine neue Ehrfurcht im Umgang damit, ein neues Verstehen seiner Aussage und seiner Wirklichkeit ist geboten, damit nicht die Wiederentdeckung zur ersten Stufe des definitiven Verlustes wird.

Zu diesem erneuerten Verstehen zu verhelfen ist die Absicht des Buches, das ich hiermit der Öffentlichkeit vorlege. In seinen wesentlichen Intentionen deckt es sich durchaus mit dem, was seinerzeit Guardinis Schrift gewollt hatte; deswegen habe ich mit Absicht einen Titel gewählt, der sofort an diesen Klassiker liturgischer Theologie denken läßt. Nur mußte das, was Guardini am Ende des Ersten Weltkriegs in einem völlig anderen geschichtlichen Kontext ausgeführt hatte, in den Zusammenhang unserer gegenwärtigen Fragestellungen, Hoffnungen und Gefahren versetzt werden. Wie Guardini, so geht es auch mir nicht um wissenschaftliche Auseinandersetzungen oder Forschungen, sondern um eine Hilfe zum Verstehen des Glaubens und zum rechten Vollzug seiner zentralen Ausdrucksform in der Liturgie. Wenn das Buch auf neue Weise so etwas wie »liturgische Bewegung«, Bewegung zur Liturgie hin und in ihren rechten äußeren und inneren Vollzug hinein anstoßen könnte, so wäre die Absicht reichlich erfüllt, die mich zu dieser Arbeit gedrängt hat.

Rom, am Fest des heiligen Augustinus 1999

JOSEPH CARDINAL RATZINGER

ERSTER TEIL

Vom Wesen der Liturgie

1. KAPITEL

Liturgie und Leben: Vom Ort der Liturgie in der Wirklichkeit

Was ist das eigentlich – Liturgie? Was geschieht dabei? Auf welche Art von Wirklichkeit treffen wir da? In den zwanziger Jahren des 20. Jahrhunderts wurde der Vorschlag gemacht, Liturgie als »Spiel« zu verstehen; der Vergleichspunkt war zunächst, daß Liturgie wie das Spiel ihre eigenen Regeln hat, ihre eigene Welt errichtet, die gilt, indem man in sie eintritt, und die dann freilich auch wieder aufgelöst wird, wenn das »Spiel« zu Ende ist. Ein weiterer Vergleichspunkt war, daß das Spiel zwar sinnvoll, aber zugleich zweckfrei sei und gerade so etwas Heilendes, ja, Befreiendes an sich habe, weil es uns aus der Welt der alltäglichen Zwecke und ihrer Zwänge herausführe ins Absichtslose hinein, uns also für einige Zeit freistelle von all dem Lastenden unserer Arbeitswelt. Das Spiel wäre sozusagen eine andere Welt, eine Oase der Freiheit, in der wir einen Augenblick das Dasein frei strömen lassen können; solche Augenblicke des Herausgehens aus der Macht des Alltags bräuchten wir, um seine Last tragen zu können. An alledem ist etwas Wahres, aber genügen kann eine solche Auskunft nicht. Denn dann käme es im Grunde gar nicht darauf an, *was* wir da spielen; alles Gesagte läßt sich auf beliebige Spiele übertragen, deren notwendiger innerer Ernst der Bindung an die Regeln sehr bald seine eigene Last entwickelt und auch zu neuen Verzweckungen führt: Ob wir an die heutige Sportwelt denken, an Schachmeisterschaften oder an welche Spiele auch immer – überall zeigt sich, daß das Spiel schnell aus dem ganz anderen einer Gegenwelt oder Nichtwelt zu einem Stück Welt mit eigenen Gesetzen wird, wenn es sich nicht in bloßer, leerer Spielerei verlieren soll.

Noch ein Aspekt dieser Spieltheorie ist zu erwähnen, der uns schon näher an das besondere Wesen der Liturgie heranführt: Das Spiel der Kinder erscheint in vielem als eine Art Antizipation des Lebens, als Einübung ins spätere Leben, ohne dessen Last und Ernst in sich zu tragen. So könnte Liturgie darauf verweisen, daß wir vor dem eigentlichen Leben, auf das wir zugehen möchten, eigentlich alle Kinder bleiben oder es jedenfalls bleiben sollten; Liturgie wäre dann eine ganz andere Art von Vorwegnahme, von Vor-Übung: Vorspiel des künftigen, des ewigen Lebens, von dem Augustinus sagt, daß es im Gegensatz zum jetzigen Leben nicht mehr aus Bedürfnis und Notwendigkeit gewoben ist, sondern ganz aus der Freiheit des Schenkens und Gebens. Dann wäre Liturgie Wiedererweckung des wahren Kindseins in uns, der Offenheit auf das ausstehende Große, das mit dem Erwachsenenleben wahrhaftig noch nicht erfüllt ist; sie wäre gestaltete Form der Hoffnung, die das künftige, das wirkliche Leben jetzt schon vor-lebt, uns auf das richtige Leben – das der Freiheit, der Gottunmittelbarkeit und der reinen Offenheit füreinander – einübt. So würde sie auch dem scheinbar wirklichen Leben des Alltags die Vorzeichen der Freiheit einprägen, die Zwänge aufreißen und den Himmel in die Erde hereinscheinen lassen.

Eine solche Wendung der Spieltheorie hebt die Liturgie wesentlich vom allgemeinen Spielen ab, in dem wohl immer die Sehnsucht nach dem wirklichen »Spiel«, nach dem ganz anderen einer Welt lebt, in der Ordnung und Freiheit verschmolzen sind; sie läßt gegenüber dem Vordergründigen und dann doch wieder Zweckhaften oder aber menschlich ganz Leeren des gewöhnlichen Spiels das Besondere und Andere des »Spiels« der Weisheit hervortreten, von dem die Bibel spricht und das man dann mit der Liturgie in Verbindung setzen darf. Aber noch fehlt uns eine inhaltliche Füllung dieses Entwurfs, weil der Gedanke des künftigen Lebens einstweilen erst wie ein vages Postulat erschienen ist und der Blick auf Gott, ohne den das »künftige Leben« nur Wüste wäre, noch ganz unbestimmt blieb. So möchte ich einen neuen Anlauf vorschlagen, diesmal aus dem Konkreten biblischer Texte heraus.

In den Berichten über die Vorgeschichte des Auszugs Israels aus Ägypten wie über dessen Verlauf selber erscheinen zwei unterschiedliche Zielsetzungen für den Exodus. Die eine, uns allen bewußt, ist das Erreichen des verheißenen Landes, in dem Israel endlich auf eigenem Grund und Boden, in gesicherten Grenzen als Volk mit seiner eigenen Freiheit und Unabhängigkeit leben soll. Daneben steht aber wiederholt eine andere Zielangabe. Der ursprüngliche Befehl Gottes an den Pharao lautet: »Gib mein Volk frei! Sie sollen mir in der Wüste dienen!« (Ex 7,16). Dieses Wort »Gib mein Volk frei, daß sie mir dienen« wird mit geringen Varianten viermal, das heißt in allen Begegnungen zwischen dem Pharao und Mose–Aaron, wiederholt (Ex 7,26; 9,1; 9,13; 10,3). Im Lauf der Verhandlungen mit dem Pharao wird das Ziel weiter konkretisiert. Der Pharao zeigt sich kompromißbereit. Für ihn geht es in dem Streit um die Kultfreiheit der Israeliten, die er zunächst in der folgenden Form zugesteht: »Geht und opfert eurem Gott hier im Land!« (Ex 8,21). Aber Mose besteht – dem Befehl Gottes gemäß – darauf, daß zum Kult Auszug nötig sei. Sein Ort sei die Wüste: »Drei Tage weit wollen wir in die Wüste hinausziehen und dort dem Herrn, unserem Gott, ein Opferfest halten, wie er es von uns verlangt hat« (8,23). Nach den folgenden Plagen erweitert der Pharao sein Kompromißangebot. Er gestattet nun, daß der Kult nach dem Willen der Gottheit, also in der Wüste, sich vollziehe, will aber nur die Männer hinausziehen lassen, während Frauen und Kinder sowie das Vieh zu Hause in Ägypten bleiben sollten. Er setzt eine geläufige Kultpraxis voraus, nach der nur die Männer aktive Träger des Kultes waren. Mose kann aber über die Art des Kultes nicht mit dem fremden Machthaber verhandeln, den Kult nicht unter die Form politischer Kompromisse stellen: Die Weise des Kultes ist nicht eine Frage des politisch Erreichbaren; er trägt sein Maß in sich selbst, das heißt, er kann allein vom Maß der Offenbarung, von Gott her geordnet werden. Deshalb wird auch der dritte, sehr weit gehende Kompromißvorschlag des Herrschers zurückgewiesen, der nun anbietet, daß auch Frauen und Kinder mitziehen dürfen. »Nur euer Kleinvieh und Großvieh soll bleiben« (10,24). Dem hält Mose entgegen, daß alles Vieh mitzunehmen sei, denn »wir wissen nicht, womit wir dem Herrn dienen können, bevor wir dorthin gekommen sind« (10,26). In alledem geht es nicht um das Land der Verheißung; als einziges Ziel des Exodus erscheint die Anbetung, die allein nach Gottes Maß geschehen kann und daher den Spielregeln des politischen Kompromisses entzogen ist.

Israel zieht aus, nicht um ein Volk wie alle anderen zu sein; es zieht aus, um Gott zu dienen. Das Ziel des Auszugs ist der Gottesberg, der noch unbekannte, das Gott-Dienen. Nun könnte man einwenden, die Fixierung auf den Kult in den Verhandlungen mit dem Pharao sei taktischer Natur gewesen. Das wirkliche und letztlich einzige Ziel des Auszugs sei nicht der Kult, sondern das Land gewesen, das ja den eigentlichen Inhalt der Abrahamsverheißung bildete. Ich glaube nicht, daß man damit dem Ernst gerecht wird, der in den Texten waltet. Im Grunde ist die Entgegensetzung von Land und Kult sinnlos: Das Land wird gegeben, damit eine Stätte der Verehrung des wahren Gottes sei. Der bloße Landbesitz, die bloße nationale Autonomie würde Israel auf ein Niveau mit allen Völkern herunterstufen. Diese Zielsetzung würde das Besondere der Erwählung verkennen: Die ganze Geschichte der Richter- und der Königsbücher, wiederaufgenommen und neu ausgelegt in der Chronik, zeigt gerade dies, daß das Land als solches und für sich genommen noch ein unbestimmtes Gut bleibt, das zum wahren Gut, zur wirklichen Gabe erfüllter Verheißung nur wird, wenn dort Gott herrscht; wenn das Land nicht irgendwie als ein autonomer Staat existiert, sondern erst, wenn es der Raum des Gehorsams ist, in dem Gottes Wille geschieht und so die rechte Art menschlicher Existenz entsteht. Der Blick auf den biblischen Text gestattet uns aber noch eine genauere Bestimmung des Verhältnisses der beiden Ziele des Auszugs. Das wandernde Israel erfährt zwar noch nicht nach drei Tagen (wie im Gespräch mit dem Pharao angekündigt), welche Art von Opfer Gott will. Wohl aber kommt es nach drei Monaten, »an eben dem Tag, an dem es ausgezogen war, in die Wüste Sinai...« (Ex 19,1). Am dritten Tag ereignet sich dann der Abstieg Gottes auf die Höhe des

Berges (19,16.20). Nun spricht Gott zum Volk, gibt ihm in den heiligen zehn Worten (20,1–17) seinen Willen kund und schließt durch Mose den Bund (Ex 24), der sich in einer minutiös geregelten Form von Kult konkretisiert. So ist das dem Pharao angegebene Ziel des Wanderns in die Wüste eingelöst: Israel lernt, Gott auf die von ihm selbst gewollte Weise zu verehren. Zu dieser Verehrung gehört der Kult, die Liturgie im eigentlichen Sinn; zu ihr gehört aber auch das Leben gemäß dem Willen Gottes, das ein unverzichtbarer Teil der rechten Anbetung ist. »Die Herrlichkeit Gottes ist der lebende Mensch, das Leben des Menschen aber ist es, Gott zu sehen«, sagt der heilige Irenäus einmal (Adv. haer. IV 20,7) und trifft damit genau das, worum es in der Begegnung am Berg in der Wüste ging: Letztlich ist das Leben des Menschen selbst, der recht lebende Mensch die wahre Anbetung Gottes, aber das Leben wird zu wirklichem Leben nur, wenn es seine Form aus dem Blick auf Gott hin empfängt. Der Kult ist dazu da, diesen Blick zu vermitteln und so Leben zu geben, das Ehre wird für Gott.

Dreierlei ist für unsere Frage wichtig: Am Sinai erhält das Volk nicht nur Kultanweisungen, sondern eine umfassende Rechts- und Lebensordnung. So erst wird es als Volk konstituiert. Ein Volk ohne gemeinschaftliche Ordnung des Rechts kann nicht leben. Es zerstört sich in der Anarchie, die die Parodie auf die Freiheit ist, ihre Aufhebung in der Rechtlosigkeit eines jeden, die seine Freiheitslosigkeit ist. In der Bundesordnung am Sinai – das ist das Zweite – sind die drei Aspekte Kult – Recht – Ethos unlöslich miteinander verflochten: Das ist ihre Größe, aber auch ihre Grenze, wie sich im Übergang von Israel zur Kirche der Heiden zeigen wird, in der diese Verflechtung aufgelöst werden sollte, um vielfältigen Rechtsgestaltungen und politischen Ordnungen Raum zu geben. Aber nach dieser notwendigen Entflechtung, die in der Neuzeit schließlich zur totalen Säkularisierung des Rechts führte und den Blick auf Gott völlig aus der Gestaltung des Rechts ausschließen wollte, darf doch nicht vergessen werden, daß ein wesentlicher innerer Zusammenhang der drei Ordnungen tatsächlich besteht: Recht, das nicht moralisch gegründet ist, wird zu

Unrecht; Moral und Recht, die nicht aus dem Blick auf Gott kommen, degradieren den Menschen, weil sie ihn seines höchsten Maßes und seiner höchsten Möglichkeit berauben, ihm den Blick auf das Unendliche und Ewige absprechen: Mit dieser scheinbaren Befreiung wird er der Diktatur der herrschenden Mehrheiten unterworfen, zufälligen menschlichen Maßen, die ihn letztlich vergewaltigen müssen. So kommen wir zu einer dritten Feststellung, die uns nun wieder auf unseren Ausgangspunkt, auf die Frage nach dem Wesen von Kult und Liturgie zurückführt: Eine Ordnung der menschlichen Dinge, die Gott nicht kennt, verkleinert den Menschen. Darum sind letztlich auch Kult und Recht nicht gänzlich voneinander zu trennen: Gott hat ein Recht auf die Antwort des Menschen, auf den Menschen selbst, und wo dieses Recht Gottes gänzlich verschwindet, löst sich auch die menschliche Rechtsordnung auf, weil ihr der Eckstein fehlt, der das Ganze zusammenhält.

Was heißt das nun für unsere Frage nach den zwei Zielen des Exodus, bei der es letztlich um die Frage nach dem Wesen von Liturgie geht? Nun, es wird sichtbar, daß das, was am Sinai, beim Verweilen nach der Wanderung durch die Wüste geschah, konstitutiv ist für den Sinn der Landnahme. Der Sinai ist nicht eine Zwischenstation, sozusagen eine Rast auf dem Weg zum Eigentlichen, sondern er gibt gleichsam das innere Land, ohne welches das äußere unwohnlich bliebe. Nur weil Israel durch den Bund und durch das in ihm enthaltene Gottesrecht als Volk konstitutiert ist und die gemeinsame Form rechten Lebens empfangen hat, kann das Land ihm wirklich zur Gabe werden. Der Sinai bleibt im Land präsent; in dem Maß, in dem seine Wirklichkeit verloren wird, wird von innen her auch das Land verloren, bis hin zur Verstoßung ins Exil. Immer wenn Israel abfällt von der rechten Gottesverehrung, sich von Gott weg den Götzen – innerweltlichen Mächten und Werten – zuwendet, verfällt auch die Freiheit. Es kann im eigenen Land leben und doch wie in Ägypten sein. Der bloße Besitz des eigenen Landes und Staates gewährt Freiheit nicht, er kann zu ganz grober Sklaverei werden; wenn aber der Rechtsverlust total wird, endet er auch im Verlust des Landes. Wie sehr das »Gottdienen«, die Freiheit der rechten Gottesverehrung, die dem Pharao gegenüber als das einzige Auszugsziel erscheint, tatsächlich das Eigentliche ist, worum es im Exodus geht, kann man aus dem ganzen Pentateuch sehen: Dieser eigentliche »Kanon im Kanon«, das Herzstück der Bibel Israels, spielt als Ganzer außerhalb des heiligen Landes. Er endet am Rande der Wüste, »jenseits des Jordan«, wo Mose noch einmal die Botschaft vom Sinai zusammenfassend wiederholt. So wird sichtbar, was die Grundlage jeden Seins im Land, die Bedingung für das Lebenkönnen in Gemeinschaft und in Freiheit ist: das Stehen im Gottesrecht, das die menschlichen Dinge richtig ordnet, indem es sie von Gott her und auf Gott hin gestaltet.

Was bedeutet das – noch einmal gefragt – für unser Problem? Zunächst einmal wird sichtbar, daß der »Kult«, in seiner wahren Weite und Tiefe verstanden, über die liturgische Aktion hinausreicht. Er umfaßt letztlich die Ordnung des ganzen menschlichen Lebens im Sinn des Irenäuswortes: Der Mensch wird Verherrlichung für Gott, setzt ihn sozusagen ins Licht (und das ist Kult), wenn er vom Hinschauen auf ihn lebt. Umgekehrt gilt, daß Recht und Ethos nicht zusammenhalten, wenn sie nicht in der liturgischen Mitte verankert sind und von ihr her inspiriert werden. Was für eine Art von Wirklichkeit also finden wir in der Liturgie? Wir können nun als erstes sagen: Wer aus dem Begriff von Wirklichkeit Gott beiseite läßt, ist nur scheinbar ein Realist. Er abstrahiert von dem, worin wir »leben, uns bewegen und sind« (Apg 17,28). Das bedeutet: Nur wenn das Verhältnis zu Gott recht ist, können auch alle übrigen Verhältnisse des Menschen – die Beziehungen der Menschen untereinander und der Umgang mit der übrigen Schöpfung – im Lot sein. Recht, so sahen wir schon, ist konstitutiv für Freiheit und Gemeinschaft; Anbetung, das heißt die richtige Weise des Verhaltens zu Gott, ist ihrerseits konstitutiv für das Recht. Wir können nun diese Einsicht noch ausweiten durch einen weiteren Schritt: Anbetung, die richtige Weise des Kultes, der Gottesbeziehung, ist konstitutiv für die rechte menschliche

Existenz in der Welt; sie ist es gerade dadurch, daß sie über das Leben im Alltag hinausreicht, indem sie uns an der Existenzweise des »Himmels«, der Welt Gottes, beteiligt und damit das Licht der göttlichen Welt in die unsrige fallen läßt. In diesem Sinn hat der Kult in der Tat – wie wir bei der Analyse des »Spiels« sagten – den Charakter einer Antizipation. Er greift voraus auf ein endgültigeres Leben und gibt gerade so dem gegenwärtigen Leben sein Maß. Ein Leben, in dem diese Antizipation ausfiele, in dem der Himmel nicht mehr aufgerissen würde, würde bleiern und leer. Deswegen gibt es ganz kultlose Gesellschaften gar nicht. Gerade auch die dezidiert atheistischen, materialistischen Systeme haben neue Kultformen geschaffen, die freilich nur Blendwerk sein können und in ihrem bombastischen Auftrumpfen ihre Nichtigkeit vergeblich zu verbergen suchen.

Damit kommen wir zu einer letzten Überlegung. Der Mensch kann den Kult gar nicht selber einfach »machen«; er greift ins Leere, wenn Gott sich nicht zeigt. Wenn Mose zum Pharao sagt: »Wir wissen noch nicht, womit wir dem Herrn dienen können« (Ex 10,26), so kommt in diesem Wort tatsächlich ein Grundgesetz aller Liturgie zum Vorschein. Wenn Gott sich nicht zeigt, dann kann der Mensch gewiß aufgrund der Ahnung von Gott, die ihm inwendig eingeschrieben ist, Altäre »für den unbekannten Gott« bauen (vgl. Apg 17,23); er kann sich im Denken ausstrecken nach ihm, sich zu ihm vorzutasten versuchen. Aber die wirkliche Liturgie setzt voraus, daß Gott antwortet und zeigt, wie wir ihn verehren können. Zu ihr gehört in irgendeiner Form so etwas wie »Einsetzung«. Sie kann nicht unserer Phantasie, unserer eigenen Kreativität entspringen – dann bliebe sie ein Ruf ins Dunkle oder würde bloße Selbstbestätigung. Sie setzt das konkrete Gegenüber voraus, das sich uns zeigt und damit unserer Existenz die Richtung weist.

Für diese Unbeliebigkeit des Kultes gibt es im Alten Testament eine Reihe sehr eindringlicher Zeugnisse. Nirgends erscheint der Sachverhalt so dramatisch wie in der Geschichte vom goldenen Kalb (oder besser: Jungstier). Dieser vom Hohenpriester Aaron geleitete Kult sollte keineswegs einem heidnischen Götzen dienen. Die Apostasie ist subtiler. Sie geht nicht offen von Gott zum Götzen über, sondern bleibt scheinbar durchaus bei demselben Gott: Man will den Gott verherrlichen, der Israel aus Ägypten geführt hat, und glaubt, in der Gestalt des Jungstiers seine geheimnisvolle Kraft richtig abzubilden. Scheinbar ist alles in Ordnung, vermutlich auch das Ritual durchaus den Vorschriften gemäß. Und doch ist es ein Abfall von Gott zum Götzendienst. Zweierlei bewirkt diesen äußerlich zunächst kaum wahrnehmbaren Sturz. Zum einen der Verstoß gegen das Bilderverbot: Man hält es bei dem unsichtbaren, dem fernen und geheimnisvollen Gott nicht aus. Man holt ihn zu sich herab, ins Eigene, ins Anschauliche und Verständliche. So ist Kult nicht mehr ein Hinaufsteigen zu ihm, sondern ein Herunterziehen Gottes ins Eigene: Er muß da sein, wenn er gebraucht wird, und muß so sein, wie er gebraucht wird. Der Mensch gebraucht Gott und stellt sich so, auch wenn das äußerlich nicht erkennbar ist, in Wirklichkeit über ihn. Damit ist das Zweite schon angedeutet: Es ist Kult aus eigener Vollmacht. Wenn Mose zu lange wegbleibt und damit Gott selbst unzugänglich wird, dann holt man ihn eben herbei. Dieser Kult wird so zum Fest, das die Gemeinde sich selber gibt; sie bestätigt darin sich selbst. Aus Anbetung Gottes wird ein Kreisen um sich selber: Essen, Trinken, Vergnügen. Der Tanz um das goldene Kalb ist das Bild dieses sich selbst suchenden Kultes, der zu einer Art von banaler Selbstbefriedigung wird. Die Geschichte vom goldenen Kalb ist eine Warnung vor einem eigenmächtigen und selbstsüchtigen Kult, in dem es letztlich nicht mehr um Gott, sondern darum geht, sich aus Eigenem eine kleine alternative Welt zu geben. Dann wird Liturgie allerdings wirklich zu leerer Spielerei. Oder schlimmer: zu einem Abfall vom lebendigen Gott, der sich unter einer sakralen Decke tarnt. Aber dann bleibt am Ende auch die Frustration, das Gefühl der Leere. Jene Erfahrung der Befreiung stellt sich nicht mehr ein, die überall da Ereignis wird, wo wahre Begegnung mit dem lebendigen Gott geschieht.

2. KAPITEL

LITURGIE – KOSMOS – GESCHICHTE

In der modernen Theologie hat sich weitgehend die Meinung durchgesetzt, in den sogenannten Naturreligionen wie auch in den nichttheistischen Hochreligionen sei der Kult kosmisch orientiert, während er im Alten Testament und im Christentum geschichtlich ausgerichtet sei; der Islam kennt – ähnlich wie das nachbiblische Judentum – nur Wort-Liturgie, die ihre Prägung und Richtung von der geschichtlich ergangenen Offenbarung empfängt, aber der universalen Tendenz dieser Offenbarung entsprechend durchaus von Bedeutung für die Welt im ganzen sein will. Die Vorstellung von kosmischer oder geschichtlicher Orientierung des Kultes ist zwar nicht völlig unbegründet, aber falsch, wo sie zu einer ausschließenden Gegenüberstellung führt: Dann verkennt man das Geschichtsbewußtsein, das es durchaus auch in den Naturreligionen gibt, und man verengt die Bedeutung der christlichen Gottesverehrung; man vergißt, daß der Erlösungsglaube vom Bekenntnis zum Schöpfer nicht abgetrennt werden kann. Im Verlauf dieses Buches werden wir sehen, welche Bedeutung dieser Frage bis in scheinbare Äußerlichkeiten der liturgischen Gestaltung hinein zukommt.

Ich möchte versuchen, das in mehreren Schritten klarzumachen. In den Religionen der Welt sind Kult und Kosmos immer fest miteinander verbunden; die Verehrung der Götter ist nie bloß so etwas wie ein Sozialisationsakt der betreffenden Gemeinschaft, die sich durch Symbole ihres gegenseitigen Zusammenhalts vergewissern würde. Verbreitet ist die Vorstellung, daß es sich um einen Kreislauf des Gebens und des Nehmens handle: Die Götter erhalten die Welt, aber die Menschen müssen durch ihre kultischen Gaben die Götter nähren und erhalten. Zum Kreislauf des Seins gehört beides: die Macht der Götter, die die Welt trägt, aber auch die Gabe der Menschen, die die Götter von der Welt her versorgt. Das geht bis zu dem Gedanken, die Menschen seien überhaupt dazu erschaffen worden, die Götter zu erhalten, und seien auf diese Weise ein wesentliches Glied im Zirkel des Alls. Wie einfältig das auch scheinen mag, es zeigt sich darin doch eine tiefe Sinnbestimmung des Menschseins: Der Mensch ist für Gott da, und so dient er dem Ganzen. Freilich lauern auch die Umkehrung und der Mißbrauch gleich hinter der Tür: Der Mensch hat irgendwie Macht über die Götter; er hat ein Stück weit mit seinem Verhalten zu ihnen den Schlüssel zur Wirklichkeit in der Hand. Die Götter brauchen ihn, aber freilich braucht er auch sie: Sollte er seine Macht mißbrauchen, so könnte er zwar ihnen schaden, aber er würde auch sich selber zerstören.

Im alttestamentlichen Schöpfungsbericht Gen 1,1–2,4 sind diese Anschauungsformen durchaus erkennbar, aber zugleich verwandelt. Die Schöpfung geht auf den Sabbat zu, auf den Tag, an dem der Mensch und die ganze Schöpfung an Gottes Ruhe, an seiner Freiheit teilnehmen. Von Kult ist unmittelbar nicht die Rede, noch viel weniger davon, daß etwa der Schöpfer die Gaben der Menschen bräuchte. Sabbat ist eine Vision der Freiheit: Sklave und Herr sind an diesem Tage gleich; die »Heiligung« des Sabbats bedeutet eben dies, daß alle Unterordnungsverhältnisse ruhen und alle Last des Werkens für eine Weile aussetzt. Wenn man aber daraus schließt, das Alte Testament habe Schöpfung und Anbetung nicht verbunden, es münde in einer reinen Vision der befreiten Gesellschaft als Ziel aller Geschichte, sei also von Anfang an nur anthropologisch und sozial, ja, revolutionär ausgerichtet, so verkennt man die Bedeutung des Sabbats. Denn der Schöpfungsbericht und die Bestimmungen des Sinai über den Sabbat sind aus der gleichen Quelle; man muß die Sabbat-Ordnungen der Thora dazu lesen, um die Bedeutung des Schöpfungsberichtes recht zu verstehen. Dann aber wird sichtbar: Der Sabbat ist das Zeichen des Bundes zwischen Gott und Mensch; er faßt das Wesen des Bundes von innen her zusammen. Von da aus können wir jetzt die Intention der Schöpfungsberichte schon so definieren: Schöpfung ist, damit ein Ort sei für den Bund, den Gott mit den Menschen schließen will. Das Ziel der Schöpfung ist der Bund, die Liebesgeschichte zwischen Gott und Mensch. Die Freiheit und die Gleichheit der Menschen, die der Sabbat wirken soll, ist keine rein anthropologische oder soziologische Vision; sie ist nur theo-logisch denkbar: Nur wenn der Mensch im Bund mit Gott steht, wird er frei, erscheint die Gleichheit und die Würde aller Menschen. Wenn also alles auf den »Bund« ankommt, dann ist wichtig zu sehen, daß der Bund Beziehung ist: ein Sich-Schenken Gottes an den Menschen, aber auch ein Antworten des Menschen auf ihn. Die Antwort des Menschen auf einen Gott, der ihm gut ist, heißt: Liebe, und Gott lieben heißt: ihn anbeten. Wenn Schöpfung als ein Raum des Bundes, als Ort der Begegnung von Gott und Mensch gemeint ist, dann heißt das auch, daß sie als Raum der Anbetung gedacht ist. Aber was heißt das eigentlich – Anbetung? Was ist da anders gegenüber der Vorstellung vom Kreislauf des Gebens und Nehmens, der die vorchristliche Kultwelt weitgehend bestimmte?

Bevor wir uns dieser entscheidenden Frage zuwenden, möchte ich noch auf den Text hinweisen, mit dem im Buch Exodus die Kultgesetzgebung abgeschlossen wird. Dieser Text ist in strenger Parallelität zum Schöpfungsbericht gebaut: Siebenmal wird hier gesagt »Mose tat, wie der Herr ihm befohlen hatte«, womit das Siebentagewerk des Tempels als Nachbild des Siebentagewerks der Schöpfung erscheint. Schließlich endet die Erzählung von der Einrichtung des Tempels mit einer Art von Sabbatvision: »So vollendete Mose das Werk. Die Wolke bedeckte das Offenbarungszelt, und die Herrlichkeit des Herrn erfüllte die Wohnstätte« (Ex 40,33f). Die Vollendung des Zeltes nimmt die Vollendung der Schöpfung voraus: Gott bezieht Wohnung in der Welt, Himmel und Erde vereinen sich. In diesen Zusammenhang gehört es auch, daß das Verbum *bara* im Alten Testament zwei – und nur zwei – Bedeutungen hat. Es bezeichnet einerseits den Vorgang der Schöpfung der Welt, das Scheiden der Elemente, das aus Chaos Kosmos werden läßt; es bezeichnet zum anderen den Grundvorgang der Heilsgeschichte, das heißt die Erwählung und die Scheidung von rein und unrein, also das Hervorbringen der Geschichte Gottes mit den Menschen und so die geistige Schöpfung, die Schöpfung des Bundes, ohne den der geschaffene Kosmos ein leeres Gehäuse bliebe. So stehen Schöpfung und Geschichte, Schöpfung, Geschichte und Kult in einem Wechselverhältnis: Schöpfung wartet auf den Bund, aber der Bund vollendet die Schöpfung und bewegt sich nicht neben ihr. Wenn aber der Kult – recht verstanden – die Seele des Bundes ist, dann heißt dies, daß er nicht nur den Menschen rettet, sondern die ganze Wirklichkeit in die Gemeinschaft mit Gott hineinziehen soll.

Damit stehen wir erneut vor der Frage: Was ist das eigentlich – Anbetung? Was geschieht da? Als Kern des Kultes erscheint praktisch in allen Religionen das Opfer. Aber dies ist ein Begriff, der von einem wahren Schuttberg von Mißverständnissen überlagert ist. Die allgemeine Auffassung geht dahin, Opfer habe etwas mit Zerstörung zu tun. Es bedeute die Übereignung einer dem Menschen irgendwie kostbaren Wirklichkeit an Gott; diese Übereignung setze aber voraus, daß sie dem Gebrauch des Menschen entzogen wird, und das eben könne nur durch ihre Zerstörung geschehen, mit der sie endgültig aus dem Verfügen des Menschen ausscheidet. Aber da ist sofort die Gegenfrage zu stellen: Welche Freude sollte Gott eigentlich an der Zerstörung haben? Ist ihm durch Zerstörung denn irgend etwas übergeben? Man antwortet, in dem Zerstören verberge sich immerhin der Akt der Anerkennung von Gottes Oberhoheit über alle Dinge. Aber kann ein solch formaler Akt wirklich der Herrlichkeit Gottes dienen? Offenbar nicht. Die wahre Übereignung an Gott muß doch wohl ganz anders aussehen. Sie besteht – so sehen es die Väter der Kirche im Anschluß an biblisches Denken – in der Vereinigung des Menschen und der Schöpfung mit Gott. Gottzugehörigkeit hat nichts mit Zerstörung oder Nichtsein zu tun, wohl aber mit einer Weise des Seins: Sie bedeutet das Heraustreten aus dem Status der

Trennung, der scheinbaren Autonomie, des Seins nur für sich selber und in sich selber. Sie bedeutet jenes Sich-Verlieren, das die einzig mögliche Weise des Sich-Findens ist (vgl. Mk 8,35; Mt 10,39). Deswegen konnte Augustinus sagen, das wahre »Opfer« sei die civitas Dei, das heißt die zur Liebe gewordene Menschheit, die die Schöpfung vergöttlicht und die Übereignung des Alls an Gott ist: Gott alles in allem (1 Kor 15,28) – das ist das Ziel der Welt, das ist das Wesen von »Opfer« und Kult.

So können wir nun sagen: Das Ziel des Kultes und das Ziel der Schöpfung im ganzen ist dasselbe – Vergöttlichung, eine Welt der Freiheit und der Liebe. Damit erscheint aber im »Kosmischen« selbst das Geschichtliche: Der Kosmos ist nicht eine Art von einem geschlossen hingestellten Gebäude, er ist nicht ein in sich ruhender Behälter, in dem sich allenfalls Geschichte abspielen kann. Er ist selbst Bewegung, von einem Anfang zu einem Ziel hin. Er ist in gewisser Weise selbst Geschichte.

Das kann in mehrfacher Weise vorgestellt werden. Auf dem Hintergrund der modernen evolutionären Weltanschauung hat zum Beispiel P. Teilhard de Chardin den Kosmos als einen Prozeß des Aufstiegs, als einen Weg der Vereinigungen beschrieben. Vom ganz Einfachen führe dieser Weg zu immer größeren und komplexeren Einheiten, in denen Vielfalt nicht aufgehoben, aber in eine wachsende Synthese hinein verschmolzen werde, hin zur Noosphäre, in der der Geist und sein Verstehen das Ganze umgreife, zu einer Art von lebendigem Organismus verschmelze. Vom Epheser- und Kolosserbrief her betrachtet Teilhard Christus als jene zur Noosphäre vorwärtstreibende Energie, die schließlich alles in ihrer »Fülle« einbegreift. Von da aus vermochte Teilhard den christlichen Kult auf seine Weise neu zu deuten: Die verwandelte Hostie ist für ihn die Antizipation der Verwandlung der Materie und ihrer Vergöttlichung in der christologischen »Fülle«. Die Eucharistie gibt für ihn sozusagen die Richtung der kosmischen Bewegung an; sie nimmt ihr Ziel voraus und treibt sie damit zugleich an.

Die ältere Überlieferung geht begreiflicherweise von einem anderen Modell aus. Ihr Bild ist nicht der aufsteigende Pfeil, sondern sie denkt eher an eine Art Kreisbewegung, als deren beide wesentliche Richtungselemente exitus und reditus, Auskehr und Einkehr, benannt werden. Dieses der allgemeinen Religionsgeschichte wie auch dem christlichen Altertum und Mittelalter gemeinsame »Paradigma« läßt aber sehr verschiedene Ausgestaltungen zu. Der Kreis kann als eine große kosmische Bewegung verstanden werden – so bei den christlichen Denkern –; er kann – so in den Naturreligionen und in vielen nichtchristlichen Philosophien – als eine immer neu sich wiederholende Bewegung gedacht sein. Der Gegensatz dieser beiden Sichtweisen ist, bei Licht betrachtet, nicht so ausschließend, wie es beim ersten Zusehen erscheinen mag. Denn auch für die christliche Ansicht der Welt sind in den einen großen Kreis der Geschichte, die von exitus zu reditus geht, die vielen kleinen Kreise des individuellen Lebens eingeschrieben, die alle den großen Rhythmus des Ganzen in sich tragen, ihn je neu verwirklichen und ihm so überhaupt die Kraft seiner Bewegung geben. Und es sind in den großen einzigen Kreis auch die vielen Lebenskreise der verschiedenen Kulturen und Geschichtsgemeinschaften eingeschrieben, in denen sich immer neu das Drama von Anfang, Aufstieg und Ende abspielt: In ihnen wiederholt sich immer wieder das Mysterium des Beginns; in ihnen trägt sich aber auch immer wieder Ende der Zeit und Untergang zu, der auf seine Weise neuem Aufgang den Boden bereiten kann. Die Summe der Kreise spiegelt den großen Kreis; beide Kreise sind aufeinander verwiesen und greifen ineinander. Und so hat auch der Kult mit allen drei Dimensionen dieser Kreisbewegungen zu tun: mit der persönlichen, mit der sozialen, mit der universalen.

Bevor wir das näher zu klären versuchen, müssen wir aber noch auf die zweite und in vieler Hinsicht wichtigere Alternative achten, die sich im Schema von exitus und reditus verbirgt. Da gibt es zunächst die Vorstellung, die vielleicht am eindrücklichsten bei dem spätantiken Philosophen Plotin ausgearbeitet ist, aber in verschiedenen Formen weite Teile der nichtchristlichen Kulte und Religionen bestimmt. Der exitus, durch den überhaupt nichtgöttliches Sein erscheint, wird nicht als Ausgang, sondern als Fall, als ein Absturz aus der Höhe des Göttlichen verstanden, der den Fallgesetzen entsprechend in immer größere Tiefen, in immer weitere Entfernung vom Göttlichen hinuntertreibt. Das bedeutet: Das nichtgöttliche Sein ist selbst und als solches gefallenes Sein; die Endlichkeit ist selbst schon eine Art Sünde, das Negative, das geheilt werden muß durch die Rückholung ins Unendliche. Die Heimkehr – der reditus – besteht dann eben darin, daß in der letzten Tiefe der Sturz abgefangen wird, daß nun der Pfeil nach oben weist. Am Ende löst sich die »Sünde« des Endlichen, des Nicht-Gott-Seins auf, und in diesem Sinne wird »Gott alles in allem«. Der Weg des reditus bedeutet Erlösung, und Erlösung bedeutet Befreiung von der Endlichkeit, die als solche die eigentliche Last unseres Seins ist. Der Kult hat dann mit der Kehre der Bewegung zu tun: Er ist das Innewerden des Sturzes, gleichsam der Augenblick der Reue des verlorenen Sohnes, das Wieder-Hinschauen zum Ursprung hin. Weil nach vielen dieser Philosophien Erkenntnis und Sein überhaupt ineinanderfallen, ist der neue Blick auf den Anfang zugleich auch schon neuer Aufstieg dorthin. Kult als Aufschauen zu dem, was vor allem Sein und über allem Sein ist, ist seinem Wesen nach Erkenntnis und als Erkenntnis Bewegung, Heimkehr, Erlösung. Freilich gehen da dann auch die Wege der Kultphilosophien auseinander. Es gibt nun die Theorie, nur die Philosophen, nur die zu höherem Denken befähigten Geister seien zu der Erkenntnis fähig, die Weg ist. Nur sie seien fähig zum Aufstieg, zur vollen Vergöttlichung, die Erlösung und Befreiung von der Endlichkeit ist. Für die anderen, die einfacheren Seelen, die den vollen Aufblick noch nicht vermögen, gebe es die verschiedenen Liturgien, die ihnen eine gewisse Erlösung zu bieten vermöchten, ohne sie ganz auf die Höhe der Göttlichkeit führen zu können. Über diese Unterschiede tröstet dann häufig die Lehre von der Seelenwanderung hinweg, die ja die Hoffnung gibt, daß irgendwann in der Wanderung der Existenzen der Punkt erreicht werde, an dem endlich der Ausweg aus der Endlichkeit und ihrer Qual gelinge. Weil hier Erkenntnis (= Gnosis) die eigentliche Macht der Erlösung und damit auch die höchste Form von Erhebung, nämlich Vereinigung mit der Gottheit ist, nennt man die so gearteten – im einzelnen sehr verschiedenen – Denk- und Religionssysteme »Gnosis«. Für das werdende Christentum bedeutet die Auseinandersetzung mit der Gnosis das entscheidende Ringen um seine eigene Identität. Denn die Faszination solcher Anschauungen ist groß, und sie scheinen so leicht mit der christlichen Botschaft identifizierbar. Die »Erbsünde« zum Beispiel, sonst so schwer verstehbar, wird mit dem Sturz ins Endliche selbst identisch, und so erscheint auch klar, daß sie allen anhaftet, die im Kreislauf der Endlichkeit stecken. Erlösung als Befreiung aus der Last der Endlichkeit wird einsichtig usw. Auch heute ist auf vielfache Weise die Faszination des Gnostischen neu am Werk: Die fernöstlichen Religionen tragen das gleiche Grundmuster in sich. Die Formen angewandter Erlösungslehre, die sie anbieten, sind darum höchst einleuchtend. Die Übungen körperlicher Entspannung und seelischer Leere erscheinen als Zugänge auf die Erlösung hin. Sie zielen auf Befreiung von der Endlichkeit, ja, nehmen sie augenblicksweise voraus und haben so heilende Kraft.

Das christliche Denken hat, wie gesagt, das Schema von exitus und reditus durchaus aufgenommen, aber es hat darin zwei Bewegungen voneinander unterschieden. Exitus ist nicht zunächst Abfall aus dem Unendlichen, die Entzweiung des Seins und damit die Ursache allen Elends der Welt, sondern exitus ist zunächst etwas durchaus Positives: der freie Schöpfungsakt des Schöpfers, der positiv will, daß es das Geschaffene als etwas Gutes ihm gegenüber gebe, aus dem eine Antwort der Freiheit und der Liebe zu ihm zurückkommen kann. Nichtgöttliches Sein ist daher nicht in sich schon etwas Negatives, sondern ganz im Gegenteil positive Frucht eines göttlichen Wollens. Es beruht nicht auf einem Sturz, sondern auf einer Setzung Gottes, die gut ist und Gutes schafft. Der Seinsakt Gottes, der geschaffenes Sein bewirkt, ist ein Freiheitsakt. Insofern ist im Sein selbst von seinem

Grund her das Prinzip Freiheit anwesend. Der exitus – oder besser: der freie Schöpfungsakt Gottes – zielt in der Tat auf reditus, aber damit ist nun nicht die Rücknahme des geschaffenen Seins gemeint, sondern was wir oben beschrieben haben: daß das Zu-sich-selbst-Kommen des in sich selbst stehenden Geschöpfs in Freiheit auf Gottes Liebe antworte, Schöpfung als sein Liebesangebot annehme, und daß so ein Dialog der Liebe entstehe, jene ganz neue Einheit, die allein die Liebe schaffen kann. In ihr wird das Sein des anderen nicht absorbiert, nicht aufgelöst, sondern gerade im Sich-Geben wird er ganz er selber. Es entsteht Einheit, die höher ist als die Einheit des nicht mehr teilbaren Elementarteilchens. Dieser reditus ist »Heimkehr«, aber er löst die Schöpfung nicht auf, sondern gibt ihr vollends ihre Endgültigkeit. Das ist die christliche Idee des »Gott alles in allem«. Aber das Ganze ist eben an Freiheit geknüpft, und die Freiheit des Geschöpfes ist es nun, die den positiven exitus der Erschaffung umbiegt, ja, gleichsam umbricht in den Fall: in das Nicht-abhängig-sein-Wollen, in das Nein zum reditus. Liebe wird nun als Abhängigkeit verstanden und abgelehnt; an ihre Stelle tritt die Autonomie und Autarkie: nur aus sich und in sich selber zu sein, aus Eigenem ein Gott zu sein. So bricht der Bogen von exitus zu reditus auseinander. Einkehr wird nicht mehr gewollt, und der Aufstieg aus eigener Kraft erweist sich als unmöglich. Wenn »Opfer« seinem Wesen nach einfach Einkehr in die Liebe ist und so Vergöttlichung, so muß nun in den Kult das Moment der Heilung der verwundeten Freiheit, der Sühne, der Reinigung und der Lösung aus der Entfremdung eintreten. Das Wesen des Kultes, des »Opfers« als Prozeß der Verähnlichung, des Liebewerdens und so des Weges in die Freiheit bleibt unverändert. Aber es nimmt nun das Moment der Heilung in sich auf, der liebenden Umwandlung der gebrochenen Freiheit in die durchlittene Weise des Versöhnens. Zu ihm gehört nun – gerade weil alles auf das Selbersein, auf die Unbedürftigkeit vom anderen abgestellt war – das Verwiesensein auf den anderen, der mich aus der Schlinge lösen muß, die ich selbst nicht mehr aufknüpfen kann. Erlösung braucht nun den Erlöser: Die Väter haben das im

Gleichnis vom verirrten Schaf ausgedrückt gefunden. Dieses Schaf, das im Dornstrauch verfangen ist und den Rückweg nicht mehr weiß, ist für sie ein Bild des Menschen überhaupt, der aus seinem Dorngestrüpp nicht mehr herauskommt und auch den Weg zu Gott nicht mehr selber finden kann. Der Hirt, der es holt und heimträgt, ist für sie der Logos selbst, das ewige Wort, der ewige, im Sohn Gottes wohnende Sinn des Alls, der sich selbst auf den Weg macht zu uns und der nun das Schaf auf die Schultern nimmt, das heißt Menschennatur annimmt und als Gottmensch das Geschöpf Mensch wieder heimträgt. So wird reditus möglich, die Heimkehr geschenkt. Damit nimmt nun freilich das Opfer die Form des Kreuzes Christi an, der sich im Tod verschenkenden Liebe, die nichts mit Zerstörung zu tun hat, sondern ein Akt der Neuschöpfung ist, der die Schöpfung wieder zu sich selber bringt. Und aller Kult ist nun Beteiligung an diesem »Pascha« Christi, an diesem seinem »Übergang« vom Göttlichen zum Menschlichen, vom Tod zum Leben, zur Einheit von Gott und Mensch. Christlicher Kult ist so konkretes Einlösen und Verwirklichen des Wortes, das Jesus am ersten Tag der großen Woche, am Palmsonntag, im Tempel zu Jerusalem ausgerufen hat: »Wenn ich von der Erde erhöht sein werde, werde ich alles an mich ziehen« (Joh 12,32).

Kosmischer und geschichtlicher Kreis sind nun unterschieden: Das geschichtliche Element hat von der Gabe der Freiheit als Mitte des göttlichen wie des geschaffenen Seins her seine eigene und unwiderrufliche Bedeutung, aber es wird deswegen vom Kosmischen nicht losgerissen. Beide Kreise bleiben trotz ihrer Differenz letztlich der eine Kreis des Seins: Die geschichtliche Liturgie des Christentums ist und bleibt – ungetrennt und unvermischt – kosmisch, und nur so steht sie in ihrer ganzen Größe. Es gibt die einmalige Neuheit des Christlichen, und doch stößt es das Suchen der Religionsgeschichte nicht von sich ab, sondern nimmt alle bestehenden Motive der Weltreligionen in sich auf und bleibt auf solche Weise mit ihnen verbunden.

3. KAPITEL

Vom Alten zum Neuen Testament: Die vom biblischen Glauben bestimmte Grundgestalt christlicher Liturgie

Den Frieden des Alls durch den Frieden mit Gott, die Vereinigung von oben und unten, kann man nach dem bisher Bedachten als die wesentliche Intention der Kulte aller Weltreligionen bezeichnen. Diese Grundbestimmung kultischer Vollzüge ist aber konkret durch das Wissen um Fall und Entfremdung gekennzeichnet und vollzieht sich so notwendigerweise als das Ringen um Sühne, Vergebung, Versöhnung. Das Bewußtsein der Schuld lastet auf der Menschheit. Kult ist der in aller Geschichte anwesende Versuch, Schuld zu überwinden und so die Welt wie das eigene Leben in die rechte Ordnung zurückzuführen. Über alledem aber waltet ein ungeheures Gefühl der Vergeblichkeit, das die tragische Seite der Kultgeschichte ausmacht: Wie sollte der Mensch imstande sein, die Welt wieder an Gott anzuheften? Wie sollte er rechte Sühne erbringen? Die eigentliche Gabe an Gott könnte ja nur er selber sein; das Bewußtsein, daß alles andere irgendwie zu wenig, ja, unsinnig ist, fehlt um so weniger, je höher das religiöse Bewußtsein entwickelt ist. Aus diesem Gespür des Zuwenig heraus haben sich in der Geschichte auch groteske und grausame Formen des Kultes entwickelt – das Menschenopfer vor allem, das scheinbar der Gottheit das Beste gibt und doch tieferhin als die grausamste und daher am meisten abzulehnende Art erscheinen muß, sich an der Gabe des eigenen Selbst vorbeizustehlen. So ist mit der Höherentwicklung der Religionen dieser schreckliche Versöhnungsversuch immer mehr ausgeschieden worden, aber um so klarer wurde, daß in allem Kult nicht das Eigentliche, sondern nur Ersatz gegeben wird. Das Opferwesen der Weltreligionen, einschließlich Israels, beruht auf der Idee der Vertretung – aber wie sollten Tieropfer oder auch Erntegaben den Menschen vertreten, entsühnen können? All dies ist nicht wahre Vertretung, sondern Ersatz, und der Kult mit dem Ersatz erweist sich so selber als ein Ersatz-Kult, dem irgendwo das Eigentliche fehlt.

Worin aber besteht das Besondere der Liturgie Israels? Zunächst einmal zweifellos in ihrem Adressaten. Andere Religionen richten ihren Kult häufig auf vorletzte Mächte. Gerade aus dem Wissen heraus, daß dem eigentlichen, einzigen Gott mit Tieropfern nicht gedient sein kann, läßt man ihn kultlos; die Opfer gelten den »Mächten und Gewalten«, mit denen der Mensch täglich zu tun hat, die er fürchten, gnädig stimmen, versöhnen muß. Israel hat diese »Götter« nicht einfach geleugnet, aber sie mehr und mehr als Dämonen angesehen, die den Menschen nur noch weiter sich und dem wahren Gott entfremden: Anbetung gebührt Gott allein, das ist das erste Gebot. Nun wird freilich dieser eine Gott mit einem in der Thora sorgsam geregelten umfänglichen Opferwesen verehrt, aber wenn wir die Kultgeschichte Israels näher ansehen, stoßen wir auf eine zweite Besonderheit, die schließlich mit innerer Konsequenz zu Jesus Christus, ins Neue Testament hinein führt. Gerade von einer kulttheologischen Lektüre her gehört das Neue Testament in einer tiefen Konsequenz mit dem Alten Bund zusammen. Das Neue Testament ist die dem inneren Drama des Alten Testaments entsprechende innere Vermittlung der zunächst einander widerstreitenden Elemente, die in der Gestalt Jesu Christi, in seinem Kreuz und seiner Auferstehung zur Einheit finden. Gerade was zunächst als Bruch erscheint, erweist sich bei näherem Zusehen als wirkliche »Erfüllung«, in der auf unerwartete Weise alle vorangegangenen Wege ineinandermünden.

Wer etwa nur das Buch Levitikus in sich selbst liest, könnte – vom 26. Kapitel mit seiner Drohung der Verbannung und mit der Verheißung neuer Begnadung abgesehen – zu der Meinung kommen, hier sei eine ewig gültige Kultgestalt als immerwährende Weltordnung aufgerichtet, die keine weitere Geschichte vor sich haben kann, weil sie im Kreislauf der Jahre stets neu Sühne, Reinigung, Wiederherstellung bewirkt. Es scheint eine statische oder – wenn man so will – eine zyklische Weltordnung zu sein, die immer so bleibt, weil sie ihre Gewichte und Gegengewichte in der rechten Weise in sich selber trägt. Aber schon das 26. Kapitel durchbricht diesen Anschein bis zu einem gewissen Grad; wichtiger ist, Levitikus im Ganzen der Thora und der Bibel zu lesen. Es scheint mir von einiger Bedeutung zu sein, daß Genesis und Exodus an den Anfang der Kultgeschichte zwei Begebenheiten stellen, in denen die Problematik der Vertretung ganz deutlich angesprochen ist. Da ist zunächst das Abrahamsopfer. Abraham will im Gehorsam gegen den ihm gewordenen göttlichen Auftrag seinen einzigen Sohn Isaak, den Träger der Verheißung, opfern. Er würde mit ihm alles geben, denn wenn er keine Nachkommenschaft hat, ist auch das Land sinnlos, das dieser Nachkommenschaft zugesagt wurde. Im letzten Augenblick wird er von Gott selbst an dieser Art von Opfer gehindert; ihm wird statt dessen ein Widder – ein männliches Lamm – gegeben, das er anstelle des Sohnes Gott darbringen darf. So wird das Vertretungsopfer von göttlicher Weisung her selbst begründet: Gott gibt das Lamm, das Abraham dann seinerseits zurückschenkt. »Von deinen Geschenken und Gaben« opfern wir, sagt von da aus der Römische Kanon. Irgendwie mußte von dieser Geschichte her ein Stachel bleiben, eine Erwartung des wahren »Lammes«, das von Gott kommt und gerade darum für uns nicht Ersatz, sondern wirkliche Vertretung ist, in der wir selbst zu Gott hingetragen werden. Die christliche Kulttheologie hat – beginnend schon bei Johannes dem Täufer – in Christus das von Gott geschenkte »Lamm« erkannt; die Apokalypse schildert dieses geopferte Lamm, das geopfert lebt, als Zentrum der himmlischen Liturgie, die nun durch das Opfer Christi inmitten der Welt gegenwärtig ist und die Ersatzliturgien überflüssig macht (Apk 5).

Als zweites möchte ich auf die Begründung der Pascha-Liturgie in Ex 12 hinweisen. Hier wird das österliche Lamm-Opfer als Zentrum des gottesdienstlichen Jahres und der Glaubenserinnerung Israels geregelt, die zugleich eine immerwährende Glaubensbegründung ist. Das Lamm erscheint klar als Ablöse, durch die Israel vom Tod der Erstgeburt befreit wird. Aber diese Ablöse hat auch Verweischarakter: Es ist doch letztlich die Erstgeburt selbst, auf die Gott Anspruch erhebt: »Alles, was bei den Kindern Israels den Mutterschoß durchbricht, beim Menschen und beim Vieh, gehört mir« (Ex 13,2). Das geopferte Lamm spricht von der notwendigen Heiligkeit des Menschen und der Schöpfung im ganzen, es weist über sich hinaus; das Pascha-Opfer kommt sozusagen nicht in sich zum Stehen, sondern verpflichtet die Erstgeborenen und in ihnen das Volk im ganzen, die Schöpfung im ganzen. Von da aus sollte man den Nachdruck verstehen, mit dem Lukas schon in den Kindheitsgeschichten Jesus als den »Erstgeborenen« bezeichnet (Lk 2,7), und auch die Gefangenschaftsbriefe begreifen, die Christus als den »Erstgeborenen der Schöpfung« darstellen, in dem nun diese Heiligung der Erstgeburt geschehen ist, die uns alle umfaßt.

Aber bleiben wir noch im Alten Testament. Sein Opferwesen ist ständig von einer prophetischen Unruhe begleitet und in Frage gestellt. Bereits in 1 Sam 15,22 begegnet uns ein prophetisches Urwort, das in verschiedenen Variationen das Alte Testament durchzieht, bis es von Christus neu aufgegriffen wird: »Wertvoller als Opfer ist Gehorsam, Folgsamkeit besser als Widderfett!« Bei Hosea erscheint das Wort in der Form: »Bundestreue ist mir lieber als Schlachtopfer, Erkenntnis Gottes lieber als Brandopfer« (6,6). Im Munde Jesu hat es eine ganz einfache und elementare Form angenommen: »Erbarmen will ich, nicht Opfer« (Mt 9,13; 12,7). So war der Tempelkult immerfort von einem brennenden Wissen seines Ungenügens begleitet. »Wenn ich Hunger habe, sage ich es dir nicht. Mir gehört ja die Erde und was sie erfüllt. Esse ich etwa das Fleisch von Stieren, oder trinke ich das Blut der Böcke? Bringe Gott Dank als Opfer dar, und entrichte dem Höchsten deine Gelübde!« (Ps 50 [49] 12–14). Die radikale Tempelkritik, die nach dem Bericht von Apg 7 Stephanus in einer flammenden Rede vortrug, ist in ihrer Form gewiß ungewöhnlich, vom neuen Pathos des christlichen Glaubens bestimmt, aber doch nicht unvorbereitet in der Geschichte Israels, in der es immer auch die nachdrückliche Infragestellung der konkreten Form des Opferwesens gab. Schließlich entlehnt Stephanus den Kernsatz seiner Kritik dem Propheten Amos: »Ich hasse, verschmähe eure Feste, eure Feiern mag ich nicht riechen. Ja, wenn ihr Brandopfer darbringt, so gefallen mir eure Gaben nicht. Und euer Mastopfer will ich nicht sehen. Hinweg von mir mit der lärmenden Menge deiner Lieder, das Spiel deiner Harfen will ich nicht hören …« (Am 5,21–23; Apg 7,42f zitiert Am 5,25–27).

Die ganze Stephanusrede ist ausgelöst durch die Anklage, er habe gesagt, »Jesus der Nazoräer werde diese Stätte (das heißt den Tempel) auflösen (zerstören) und die Bräuche ändern, die Mose überliefert hatte«. Stephanus antwortet nur indirekt auf diese Behauptung, indem er die tempel- und opferkritische Linie des Alten Testaments herausstellt. Er liest die umstrittene und in ihrem ursprünglichen Sinn kaum enträtselbare Kultkritik von Amos 5,25–27 in der Version der griechischen Bibel, in der der Kult der vierzig Wüstenjahre in *eine* Linie mit der Anbetung des goldenen Jungstiers rückt, so daß die Liturgie in dieser ganzen Gründungsperiode Israels als Fortsetzung des ersten Abfalls erscheint: »Habt ihr *mir* Schlachttiere und Opfer dargebracht die vierzig Jahre in der Wüste, Haus Israel? Das Zelt des Moloch nahmt ihr mit euch, den Stern des Gottes Rompher, die Bilder, die ihr gemacht, um sie anzubeten.« Die Tieropfer als solche erscheinen hier als eine Verzerrung der Anbetung des einen Gottes. Diesem Prophetenwort, das in der von Stephanus aufgenommenen Version der alexandrinischen Interpreten auf die Hörer wie ein ungeheurer Schock wirken mußte, hätte er übrigens auch noch die dramatischen Worte des Propheten Jeremia hinzufügen können: »Wahrlich, ich habe euren Vätern, als ich sie aus dem Land Ägypten herausführte, über Schlachtopfer und Brandopfer nichts gesagt und geboten« (7,22). Stephanus verzichtet auf eine Vertiefung solcher Texte, die uns schwierige innere Auseinandersetzungen im vorexilischen Israel ahnen lassen, und fügt statt dessen noch drei andere Gedankengänge an, um den Sinn seiner Auslegung der Botschaft Christi verständlich zu machen.

Mose – so sagt er – habe das Zelt, Gottes Befehl gemäß, nach dem Urbild geformt, das er auf dem Berg geschaut hatte (7,45; Ex 25,40). Das bedeutet: Der irdische Tempel ist nur eine Nachbildung, nicht der wahre Tempel; er ist Bild und Gleichnis, das über sich hinausweist. David, der vor Gott Gnade gefunden hatte, hatte gebeten, dem Gott Jakobs ein Zelt bauen zu dürfen. »Salomon aber baute ein Haus für ihn« (7,48): Der Übergang vom Zelt mit all seiner Vorläufigkeit zum Haus, das Gott in einen steinernen Bau einzuhausen versucht, wird bereits als ein Abfall angesehen, denn: »Der Höchste wohnt nicht in Bauten, die von Menschenhänden gemacht sind.« Schließlich stellt Stephanus, zusammen mit der Idee der Vorläufigkeit, die im Zelt noch sichtbar gewesen, im Haus aber verdeckt war, die innere Dynamik der alttestamentlichen Geschichte heraus, die über dieses Vorläufige hinausstreben muß: Er zitiert die messianische Prophetie, die in gewisser Hinsicht den Höhepunkt des Deuteronomium (18,15) bildet und für Stephanus den Deuteschlüssel des ganzen Pentateuch liefert: »Einen Propheten wie mich wird Gott aus eurer Mitte erwählen« (7,37). Wenn das wesentliche Werk des Mose die Errichtung des Zeltes und die Kultordnung war, die zugleich den Kern der Rechtsordnung und der sittlichen Weisung bildete, dann ist klar, daß der neue, der endgültige Prophet aus dem Zeitalter des Zeltes und seiner Vorläufigkeit, aus den verfehlten Tieropfern herausführen, den Tempel »auflösen« und in der Tat »die Bräuche ändern« wird, die Mose gegeben hatte. Die Linie der Propheten, die Mose nachfolgten und die die großen Zeugen der Vorläufigkeit all dieser Bräuche waren und die mit ihrem Ruf die Geschichte vorantrieben auf den neuen Mose hin – diese Linie vollendet sich in dem gekreuzigten Gerechten (7,51f).

Stephanus bestreitet die ihm zur Last gelegten Worte nicht; er versucht vielmehr zu beweisen, warum in ihnen die tiefere Treue zur Botschaft des Alten Testaments, zur Botschaft auch des Mose liegt.

Dabei ist wichtig, daß die Anklage gegen den ersten Martyrer der Kirchengeschichte fast bis in die Formulierung hinein identisch ist mit der Anklage, die im Prozeß Jesu eine zentrale Rolle spielt. Denn Jesus wurde nachgesagt, er habe erklärt: »Ich werde diesen von Menschen gebauten Tempel auflösen (zerstören) und binnen drei Tagen einen anderen bauen, der nicht von Menschenhand gemacht ist« (Mk 14,58). Freilich konnten die Zeugen sich nicht über den genauen Wortlaut der Prophezeiung Jesu einig werden (14,59), aber es ist klar, daß ein solches Wort im Streit um Jesus eine zentrale Rolle spielte. Insofern sind wir hier im Herzen der christologischen Frage, der Frage, wer Jesus war, und zugleich im Herzen der Frage nach dem Wesen der wahren Gottesverehrung. Die Prophezeiung der Tempelzerstörung, die man Jesus nachsagte, verweist ganz von selber auf die von allen vier Evangelisten berichtete Szene der Tempelreinigung, die nicht bloß als Zornesausbruch gegen Mißbräuche angesehen werden konnte, wie sie an allen Heiligtümern vorkommen, sondern letztlich als Angriff auf den Tempelkult gewertet werden mußte, zu dem nun einmal Opfertiere wie auch die besondere Währung des Tempelgeldes gehörten, das dort zu erwerben war. Freilich berichtet keiner der Synoptiker in diesem Zusammenhang von einem solchen Wort Jesu, wohl aber bietet es Johannes als die prophetische Weisung, mit der er sein Tun erklärt: »Löst diesen Tempel auf, und in drei Tagen werde ich ihn wieder aufrichten« (Joh 2,19). Jesus sagt nicht, *er* werde den Tempel abbrechen – diese Version war falsches Zeugnis wider ihn. Wohl aber prophezeit er, daß seine Kläger genau dies tun werden. Dies ist eine Kreuzesprophetie; die Auflösung seines irdischen Leibes wird zugleich das Ende des Tempels sein, so läßt er erkennen. Mit seiner Auferstehung wird der neue Tempel beginnen: der lebendige Leib Jesu Christi, der nun vor dem Angesicht Gottes steht und der Raum allen Kultes sein wird. In diesen Leib bezieht er die Menschen ein, er ist das nicht von Menschenhänden gebaute Zelt, der Raum der wahren Anbetung Gottes, der den Schatten ablöst und durch die Wirklichkeit ersetzt. Die Auferstehungsprophetie ist, in ihrer wahren Tiefe gelesen, zugleich eine Eucharistieprophetie: Das Geheimnis des geopferten und gerade so lebendigen Leibes Christi kündigt sich an, der sich uns mitteilt und uns so in die reale Verbindung mit dem lebendigen Gott hineinführt. In diesen Zusammenhang gehört noch eine Notiz herein, die sich in den drei synoptischen Evangelien findet. Sie alle erzählen, daß im Augenblick des Todes Jesu der Vorhang des Tempels von oben bis unten hin entzweiriß (Mk 15,38; Mt 27,51; Lk 23,45). Sie wollen damit sagen: Im Augenblick von Jesu Tod erlischt die Funktion des alten Tempels. Er ist »aufgelöst«. Er ist nicht mehr Ort der Gegenwart Gottes, der »Schemel seiner Füße«, an dem sich seine Herrlichkeit niedergelassen hat. Die äußere Zerstörung des Tempels, die wenige Jahrzehnte danach erfolgen wird, ist theologisch schon vorweggenommen: Der Kult der Bilder, der Kult mit dem Ersatz, endet in dem Augenblick, in dem der wirkliche Kult geschehen ist: die Hingabe des Sohnes, der Mensch geworden ist und »Lamm« wurde, »Erstgeborener«, der nun alle Gottesverehrung in sich aufsammelt und einsammelt, aus den Schatten und Bildern herausführt in die Wirklichkeit der Einheit des Menschen mit dem lebendigen Gott hinein. Der prophetische Gestus der Tempelreinigung, der Erneuerung der Gottesverehrung auf ihre wahre Form hin, ist ans Ziel gekommen. Die damit verbundene Prophetie ist erfüllt: »Der Eifer für dein Haus verzehrt mich« (Ps 69 [68] 10; Joh 2,17): Es war am Ende der »Eifer« Jesu für die rechte Anbetung, der ihn ans Kreuz brachte. Gerade so wurde der Weg frei für das wahre, »nicht von Menschenhand gemachte« Gotteshaus: den auferstandenen Leib Christi. Und auch das Deutewort, das die Synoptiker der prophetischen Zeichenhandlung Jesu beigeben, erfüllt sich: »Mein Haus wird ein Bethaus für alle Völker genannt werden« (Mk 11,17): Mit dem Abbruch des Tempels öffnet sich der neue Universalismus der Anbetung »in Geist und Wahrheit« (Joh 4,23), den Jesus im Gespräch mit der Samariterin angekündigt hatte, wobei Geist und Wahrheit freilich nicht aufklärerisch-subjektivistisch gedacht werden dürfen, sondern von dem her zu sehen sind, der von sich sagen durfte: »Ich bin ... die Wahrheit ...« (Joh 14,6).

Bevor wir aus diesen skizzenhaften Hinweisen auf die innere Dynamik der alttestamentlichen Kultidee, dem innersten Wissen um die Vorläufigkeit der Tempelopfer und dem Verlangen nach dem Größeren, dem noch unbeschreibbaren Neuen zusammenfassende Schlußfolgerungen zu ziehen versuchen, müssen wir aber nach der bisher in Erscheinung getretenen wesentlich kritischen Tendenz dem Bisherigen gegenüber die Stimmen zu hören versuchen, in denen sich das Neue bereits abzeichnet. Wenn es im vorexilischen Israel gegenüber der sich mehr und mehr verfestigenden und auch ins Äußerliche oder ins Synkretistische abgleitenden Form des Opferwesens ständig warnende Stimmen gegeben hatte, so wurde das Exil zur Herausforderung, das Positive, das Kommende deutlich zu formulieren. Es gab keinen Tempel, keine öffentliche und gemeinschaftliche Form der Gottesverehrung mehr, wie sie vom Gesetz vorgesehen war. Israel mußte sich in dieser Kultlosigkeit unendlich arm und armselig fühlen; mit leeren Händen stand es vor Gott. Es gab keine Entsühnung mehr, und der Lobpreis des »Ganzopfers« stieg nicht mehr zu Gott empor. In dieser Krise formte sich immer deutlicher der Gedanke, daß Israels Leiden um Gott und für Gott, daß der Schrei seines bedrückten Herzens, sein dringendes Beten vor dem schweigenden Gott wie »fette Tieropfer« und Rauchopfer vor ihm stehen mußten; daß gerade die leeren Hände und das erfüllte Herz selbst Kult waren und als inneres Äquivalent zu den fehlenden Tempelopfern gelten durften. In der Zeit der neuen Unterdrückung des jüdischen Kultes unter Antiochus IV. Epiphanes (175–163) erhielten diese Gedanken, wie wir sie nun im Buch Daniel vorgetragen finden, neue Kraft und Tiefe. Sie blieben auch nach der Erneuerung des Tempels durch die Makkabäer aktuell, als sich nun im Widerspruch zum Priesterkönigtum der Makkabäer die Qumran-Gemeinde bildete, die diesen Tempel nicht anerkennen mochte und so sich wiederum auf einen »geistigen Kult« verwiesen sah. Dazu kommt schließlich im Raum Alexandriens die Berührung mit der griechischen Kultkritik; auf diese Weise reift nun immer mehr der Gedanke der *logike latreia (thysia)*, der uns im Römerbrief 12,1 als christliche Antwort auf die Kultkrise der ganzen antiken Welt begegnet: Das »Wort« ist das Opfer, das Gebetswort, das aus dem Menschen aufsteigt und die ganze Existenz des Menschen in sich aufnimmt und ihn selbst zu »Wort« (logos) werden läßt. Der Mensch, der sich zum Logos formt und Logos durch den Glauben wird, der ist das Opfer, die wahre Herrlichkeit Gottes in der Welt. Wenn von der Leidenserfahrung des Exils und der hellenistischen Epoche her zunächst ganz das Gebetswort als Äquivalent zum äußeren Opfer im Vordergrund stand, so tritt durch das Wort *Logos* nun die ganze Wort-Philosophie der griechischen Welt in diesen Gedanken ein. Der griechische Geist steigert dies schließlich zur Idee mystischer Vereinigung mit dem Logos, dem Sinn aller Dinge selbst.

Die Kirchenväter haben diese geistige Entwicklung aufgenommen, indem sie die Eucharistie ihrem Wesen nach als *oratio*, als Opfer im Wort, qualifizierten und so zugleich den Ort des christlichen Kultes im geistigen Ringen der Antike, in ihrer Suche nach dem wahren Weg des Menschen und seiner Begegnung mit Gott beschrieben. Wenn sie die Eucharistie schlicht als »Gebet«, also als Wortopfer benennen, so ist darin freilich doch ein Mehr gegenüber der griechischen Idee des Logosopfers und eine Antwort auf die offene Frage gegeben, die in der alttestamentlichen Theologie des Gebetes als Opferäquivalent geblieben war. Die großen alttestamentlichen Vorstöße auf den Gedanken des Kultes im »Wort« tragen ja einen merkwürdigen Zwiespalt in sich: Auf der einen Seite öffnen sie die Tür zu einer neuen, positiven Gestalt von Gottesverehrung. Auf der anderen Seite bleibt ein Ungenügen zurück. Das bloße Wort reicht nicht, die Wiederherstellung des Tempels in gereinigter Form wird erwartet. So erklären sich scheinbare Widersprüche, wie wir sie im Psalm 51 (50) finden, wo wir auf der einen Seite großartig die neue Kultidee entwickelt finden: »Schlachtopfer gefallen dir nicht ... Opfer für Gott ist zerknirschter Geist«; auf der anderen Seite klingt das Ganze doch in die Vision künftiger Erfüllung aus: »Dann wirst du Gefallen haben an richtigen Opfern, Brandopfern und Ganzopfern, dann legt man Jungstiere auf deinen Altar« (Verse 18–21). Umgekehrt läßt die hellenistische Logos-Mystik, so groß und schön sie ist, den Leib im Wesenlosen zurück, ist reine Aufstiegs- und Allvereinigungshoffnung nach dem gnostischen Schema, von dem wir früher sprachen – es fehlt etwas. Die Idee des Logos-Opfers wird erst voll im Logos incarnatus, in dem Wort, das Fleisch geworden ist und »alles Fleisch« hineinzieht in die Verherrlichung Gottes. Nun ist der Logos nicht mehr bloß »Sinn« hinter und über den Dingen. Nun ist er ins Fleisch selbst eingetreten, leibhaft geworden. Er nimmt unsere Leiden und Hoffnungen, er nimmt die Erwartung der Schöpfung in sich auf und trägt sie zu Gott hin. Die beiden Linien, die der Psalm 51 nicht zur Versöhnung hatte bringen können und die im ganzen Alten Testament zwar aufeinander zulaufen, aber sich doch nicht vereinigen, treffen nun wirklich ineinander. Nun ist »Wort« nicht mehr bloß Vertretung von Anderem, Leibhaftigem; nun ist es in der Selbstübergabe Jesu am Kreuz zusammengeführt mit der ganzen Realität menschlichen Lebens und Leidens. Nun ist es nicht mehr Ersatzkult, sondern die Stellvertretung Jesu nimmt uns auf und führt uns in jene Verähnlichung mit Gott, in jenes Liebe-Werden hinein, das die einzig wahre Anbetung ist. So ist Eucharistie von Kreuz und Auferstehung Jesu her das Ineinandertreffen aller Linien des Alten Bundes, ja, der Religionsgeschichte überhaupt: der immerfort erwartete und doch immer über unser Vermögen hinausgehende rechte Kult, die Anbetung »in Geist und Wahrheit«. Der zerrissene Vorhang des Tempels ist der zerrissene Vorhang zwischen dem Antlitz Gottes und dieser Welt: Im durchbohrten Herzen des Gekreuzigten ist Gottes Herz selbst offen; sehen wir, wer Gott ist und wie er ist. Der Himmel ist nicht mehr verschlossen – Gott ist aus seiner Verborgenheit hinausgetreten. Deswegen faßt Johannes die Bedeutung des Kreuzes und zugleich das Wesen der neuen Gottesverehrung zusammen in dem geheimnisvollen Verheißungswort des Propheten Sacharja (12,10): »Sie werden schauen auf den, den sie durchbohrt haben« (Joh 19,37). Wir werden diesem Wort, das mit neuer Bedeutung in Apk 1,7 wiederkehrt, noch einmal begegnen. Einstweilen können wir versuchen, einige Ergebnisse zusammenzufassen, die vom Bisherigen her deutlich werden.

1. Der christliche Kult – oder besser: die Liturgie des christlichen Glaubens – kann nicht einfach als eine verchristlichte Form des Synagogengottesdienstes aufgefaßt werden, soviel sie in ihrer konkreten Gestaltwerdung dem Gottesdienst der Synagoge zu verdanken hat. Die Synagoge war immer auf den Tempel hingeordnet und ist es auch nach seiner Zerstörung geblieben. Die Wortliturgie, die sich in ihr in großartiger Tiefe vollzieht, versteht sich selbst als unvollständig und unterscheidet sich dadurch vom Wortgottesdienst des Islam, der – verbunden mit Wallfahrt und Fasten – das Ganze der vom Koran geforderten Gottesverehrung bildet. Der Synagogengottesdienst hingegen ist Gottesdienst in der Zeit, da es den Tempel nicht gibt, und in der Erwartung seiner Wiederherstellung. Der christliche Kult hinwiederum sieht die Zerstörung des Jerusalemer Tempels als endgültig und als theologisch notwendig an: An seine Stelle ist der universale Tempel des auferstandenen Christus getreten, dessen im Kreuz ausgestreckte Arme auf die Welt hin ausgespannt sind, um alle in die Umarmung der ewigen Liebe hineinzuziehen. Den neuen Tempel gibt es bereits und so auch das neue, das endgültige Opfer: die in Kreuz und Auferstehung offen gewordene Menschheit Christi; das Gebet des Menschen Jesus ist nun verschmolzen mit dem innertrinitarischen Dialog der ewigen Liebe. In dieses Gebet zieht Jesus die Menschen durch die Eucharistie hinein, die so das immer offenstehende Tor der Anbetung und das wahre Opfer, das Opfer des Neuen Bundes, der »logosgemäße Gottesdienst« ist. In den theologischen Auseinandersetzungen der Neuzeit hat es sich verhängnisvoll ausgewirkt, daß der Gottesdienst des Neuen Bundes rein synagogal konzipiert wurde, in strikter Entgegensetzung zum Tempel, der als Ausdruck des Gesetzes und so als schlechthin überwundene Stufe von »Religion« galt. So konnten Priestertum und Opfer nicht mehr verstanden werden; die umfassende »Erfüllung« der vorchristlichen Heilsgeschichte und die innere Einheit der Testamente wurde nicht mehr sichtbar. Eine tiefe-

re Sicht muß erkennen, daß in die christliche Liturgie nicht nur die Synagoge, sondern auch der Tempel eingegangen ist.

2. Das bedeutet, daß zum christliche Kult Universalität gehört. Es ist der Kult des offenen Himmels. Er ist nie nur ein Ereignis einer örtlich sich findenden Gemeinde. Eucharistie feiern bedeutet vielmehr, in die Öffentlichkeit der Himmel und Erde umfassenden Verherrlichung Gottes einzutreten, die mit Kreuz und Auferstehung eröffnet ist. Christliche Liturgie ist niemals die Veranstaltung einer bestimmten Gruppe, eines bestimmten Kreises oder auch einer bestimmten Ortskirche. Das Zugehen der Menschheit auf den einen Christus hin trifft sich mit dem Zugehen Christi auf die Menschen. Er will die Menschheit vereinen und die eine Kirche, die eine Gottesversammlung aller Menschen erwirken. Horizontale und vertikale Dimension, die Einzigkeit Gottes und die Einheit der Menschheit, die Gemeinschaft aller in Geist und Wahrheit Anbetenden gehören zusammen.

3. Von da aus wird man den paulinischen Begriff der »logike latreia«, des logosgemäßen Gottesdienstes, als die angemessenste Formel für die Wesensgestalt der christlichen Liturgie ansehen müssen. In diesem Begriff fließen die geistige Bewegung des Alten Testaments wie die Prozesse der inneren Reinigungen der Religionsgeschichte, menschliches Suchen und göttliche Antwort zusammen. Der Logos der Schöpfung, der Logos im Menschen und der wahre, menschgewordene ewige Logos – der Sohn – treffen aufeinander. Alle anderen Gestaltbestimmungen greifen zu kurz. Wenn man etwa die Eucharistie vom liturgischen Phänomen her als »Versammlung« oder vom Gründungsakt innerhalb des letzten Paschas Jesu her als »Mahl« beschreibt, so hat man nur Einzelelemente erfaßt, verfehlt aber den großen geschichtlichen und theologischen Zusammenhang. Das Wort »Eucharistie« hingegen, das auf die Anbetung, nämlich auf die in Menschwerdung, Kreuz und Auferstehung Christi geschehende universale Form der Anbetung verweist, kann sehr wohl als Kurzformel für die Idee der logike latreia dienen und darf deshalb als angemessene Bezeichnung für die christliche Liturgie dienen.

4. All diese Einsichten legen schließlich eine wesentliche Dimension der christlichen Liturgie frei, die wir im nächsten Kapitel konkreter bedenken müssen: Die christliche Liturgie ist, wie wir sahen, Liturgie der erfüllten Verheißung, der ans Ziel kommenden Suchbewegung der Religionsgeschichte, aber sie bleibt Liturgie der Hoffnung. Auch sie trägt noch das Zeichen der Vorläufigkeit an sich. Der neue, nicht von Menschenhand gemachte Tempel ist da, aber er ist zugleich noch im Bau. Die große Geste der Umarmung, die vom Gekreuzigten ausgeht, ist noch nicht ans Ziel gekommen, sondern erst begonnen. Die christliche Liturgie ist Liturgie auf dem Weg, Liturgie der Pilgerschaft auf die Verwandlung der Welt hin, die dann geschehen sein wird, wenn »Gott alles in allem« ist.

ZWEITER TEIL

Zeit und Raum in der Liturgie

1. KAPITEL

Vorfragen über das Verhältnis der Liturgie zu Raum und Zeit

Kann es eigentlich in der Welt des christlichen Glaubens noch ausgesonderte heilige Räume und heilige Zeiten geben? Der christliche Kult ist doch kosmische Liturgie, die Himmel und Erde umgreift. Christus hat »außerhalb der Mauern« gelitten, betont der Hebräerbrief, der den Aufruf anfügt: »Laßt uns also hinausgehen zu ihm vor das Lager und die Schmach mit ihm tragen!« (13,12). Ist nicht nun die ganze Welt sein Heiligtum? Vollzieht sich Heiligkeit nicht gerade im recht gelebten Alltag; ist es nicht unser Gottesdienst, im täglichen Leben Liebende und so Gott ähnlich zu werden, also auf das wahre Opfer zuzugehen? Kann es noch eine andere Sakralität als die der Christusnachfolge in der nüchternen Geduld des täglichen Lebens geben, eine andere heilige Zeit als die Zeit der gelebten Nächstenliebe, wann und wo immer die Fügungen unseres Lebens sie fordern?

Wer so fragt, rührt eine entscheidende Dimension des christlichen Begriffs von Kult und Anbetung an, vergißt aber doch Wesentliches von der bleibenden Grenze menschlicher Existenz in dieser Welt, vergißt das »noch Nicht«, das zur christlichen Existenz gehört, und erklärt den neuen Himmel und die neue Erde für schon gekommen. Das Christusereignis und das Wachsen der Kirche aus allen Völkern, der Übergang vom Tempelopfer zur universalen Anbetung »in Geist und Wahrheit« ist ein erster wichtiger Überschritt, ein Schritt auf die Erfüllung der Verheißungen des Alten Testaments zu. Aber es ist offenkundig, daß die Hoffnung noch nicht vollends am Ziel ist. Das Neue Jerusalem, das keinen Tempel mehr braucht, weil Gott, der Allherrscher, und das Lamm selbst sein Tempel sind, die Stadt, wo anstelle von Sonne und Mond die Herrlichkeit Gottes selbst und seine Leuchte, das Lamm, die neue Helligkeit geben (Apk 21,22f) – das ist noch nicht da. Die Väter haben deshalb die Stadien der Erfüllung nicht einfach im Gegenüber von Altem und Neuem Testament, sondern im Dreischritt von Schatten – Bild – Wirklichkeit beschrieben: In der Kirche des Neuen Testaments ist der Schatten durch das Bild abgelöst: »Die Nacht ist vorgerückt, und der Tag hat sich genaht« (Röm 13,12). Aber noch ist – wie Gregor der Große es ausdrückt – erst die Zeit der Morgenröte, in der sich Finsternis und Helligkeit mischen. In ihr steigt die Sonne herauf, aber sie ist noch nicht vollends aufgegangen. So bildet die Zeit des Neuen Testaments ein eigentümliches »Zwischen«, aus »schon« und »noch nicht« gemischt, in dem die empirischen Bedingungen weiter gelten und doch schon aufgebrochen sind, immer neu aufgebrochen werden müssen, auf das in Christus bereits hereingetretene Endgültige hin.

Aus diesem Verständnis des Neuen Testaments als Zwischenzeit, als Bild zwischen Schatten und Wirklichkeit, ergibt sich die spezifische Form liturgischer Theologie. Sie verdeutlicht sich uns weiter, wenn wir die drei Ebenen vor Augen halten, die für die Konstitution des christlichen Kultes wesentlich sind. Es gibt die mittlere, die eigentlich liturgische Ebene, die uns allen geläufig ist; sie zeigt sich in den Abendmahlsworten und -handlungen Jesu. Sie bilden denn auch den Kern der christlichen liturgischen Feier, deren Aufbau sich im übrigen aus der Synthese von Synagogen- und Tempelgottesdienst ergibt, wobei nun an die Stelle der Opferhandlungen des Tempels das eucharistische Hochgebet als Eintreten in das Abendmahlstun Jesu und die Austeilung der verwandelten Gaben treten. Aber diese eigentlich liturgische Ebene steht nicht in sich selbst; sie hat überhaupt nur Sinn, weil sie auf reales Geschehen und in ihrem Wesentlichen gegenwärtig gebliebene Realität bezogen ist. Sonst wäre sie wie eine Währung ohne Deckung, ohne Wirklichkeitsgehalt. Der Herr konnte seinen Leib als »hingegeben« nur bezeichnen, weil er ihn tatsächlich hingegeben *hat;* er konnte das Blut als für viele vergossen nur im neuen Kelch anbieten, weil er es wirklich vergossen *hat.* Endlich ist dieser Leib nicht der für immer tote Körper eines Verstorbenen, das Blut nicht leblos gewordenes Lebenselement, sondern Hingabe wird zur Gabe, weil der in Liebe gegebene Leib, das in Liebe vergossene Blut durch die Auferstehung in die Ewigkeit der Liebe einging, die stärker ist als der Tod. Ohne Kreuz und Auferstehung ist der christliche Kult nichtig, und eine Theologie der Liturgie, die diese Beziehung ausließe, würde wirklich nur noch von einem leeren Spiel sprechen.

Wenn wir diesen tragenden Realitätsgrund der christlichen Liturgie bedenken, ist aber noch ein Weiteres wichtig. Die Kreuzigung Christi, der Tod am Kreuz und in etwas anderer Art der Akt der Auferstehung aus dem Grab, der dem Verweslichen Unverweslichkeit gibt, sind einmalige historische Ereignisse, die als solche der Vergangenheit angehören. Für sie gilt im strengen Sinn das »Semel« (ephapax) – das »Einmal«, das der Hebräerbrief so nachdrücklich gegenüber der Vielzahl der sich wiederholenden Opfer des Alten Bundes herausstellt. Aber wenn sie nur Fakten der Vergangenheit wären, wie all die Daten, die wir aus den Geschichtsbüchern lernen, dann könnte es keine Gleichzeitigkeit mit ihnen geben. Sie blieben für uns letztlich unerreichbar. Dem äußeren Akt des Gekreuzigtwerdens entspricht jedoch ein innerer Akt der Hingabe (der Leib wird »für euch hingegeben«): Niemand kann mir das Leben nehmen, ich selber gebe es, sagt der Herr im Johannesevangelium (10,18). Dieser Hingabeakt ist keineswegs nur ein geistiges Geschehen. Es ist ein geistiger Akt, der das Leibliche in sich aufnimmt, den ganzen Menschen umfaßt, ja, er ist zugleich ein Akt des Sohnes: Der menschliche Willensgehorsam Jesu ist hineingesenkt in das immerwährende Ja des Sohnes zum Vater, wie Maximus der Bekenner es großartig dargestellt hat. So umfaßt dieses »Geben«, das im Passiv des Gekreuzigtwerdens die Passion des Menschseins in die Aktion der Liebe hineinzieht, alle Dimensionen der Wirklichkeit – Leib, Seele, Geist, Logos. Wie der leibliche Schmerz in das Pathos des Geistes hineingezogen und zum Ja des Gehorsams wird, so wird Zeit hineingezogen in das, was über die Zeit hinausreicht. Der eigentliche innere Akt, der doch ohne den äußeren nicht bestünde, überschreitet die Zeit, aber weil er aus der Zeit kommt, kann die Zeit immer wieder in ihn hineingeholt werden. Darum ist Gleichzeitigkeit möglich. Das meint Bernhard von Clairvaux, wenn er sagt, das wahre »Semel« (einmal) trage das »Semper« (immer) in sich: Im Einmaligen ereignet sich das Bleibende. In der Bibel ist das »Einmal« am stärksten im Hebräerbrief betont, aber wer ihn aufmerksam liest, wird finden, daß genau diese von Bernhard ausgesprochene Beziehung seine eigentliche Meinung ausdrückt. Das Ephapax (einmal) ist mit dem Aionios (immerwährend) verbunden. Das »Heute« umfaßt die ganze Zeit der Kirche. Weil es so ist, wird in der christlichen Liturgie nicht nur aus Vergangenem ausgeteilt, sondern es ereignet sich Gleichzeitigkeit mit dem, was diese Liturgie begründet: Das ist der eigentliche Kern und die wahre Größe der Eucharistiefeier, die immer mehr ist als Mahl – Hineingerissenwerden in die Gleichzeitigkeit mit dem Paschamysterium Christi, in seinen Überschritt aus dem Zelt der Vergänglichkeit vor das Angesicht Gottes hin.

Kehren wir zum Ausgangspunkt zurück. Wir sagten, daß es die Ebene des Gründungsgeschehens gibt und als zweites die liturgische Vergegenwärtigung, die eigentlich liturgische Ebene. Ich versuchte zu zeigen, wie beide Ebenen ineinander verschränkt sind. Wenn so Vergangenheit und Gegenwart sich durchdringen, wenn das Wesentliche des Vergangenen gar nicht einfach vergangen, sondern weiterreichende Kraft der sich folgenden Gegenwarten ist, dann heißt das, daß auch Zukunft in diesem Geschehen anwesend ist, daß es seinem Wesen nach auch Antizipation des Kommenden genannt werden muß. Aber hier dürfen wir nichts überstürzen. Der Gedanke an das Eschaton, an den wiederkommenden Christus, drängt sich sofort auf, und er ist richtig. Aber da ist noch eine andere Dimension zu beachten: Diese Liturgie ist – wir sahen es – nicht Ersatz, sondern

Stellvertretung. Was mit dieser Unterscheidung gemeint ist, wird hier deutlich. Es werden nicht Tiere geopfert, nicht ein »Etwas«, das mir letztlich fremd bleibt. Diese Liturgie beruht auf der durchlittenen Passion eines Menschen, der freilich mit seinem Ich in das Mysterium des lebendigen Gottes selbst hineinreicht – »Sohn« ist. So kann sie nie bloße actio liturgica sein. Ihre Herkunft trägt ihre Zukunft auch in dem Sinn in sich, daß Stellvertretung die Vertretenen in sich aufnimmt, ihnen nicht äußerlich bleibt, sondern sie selber formt. Die Gleichzeitigkeit mit dem Pascha Christi, die sich in der Liturgie der Kirche ereignet, ist ja auch eine anthropologische Realität. Die Feier ist nicht nur Ritus, nicht nur liturgisches »Spiel«, sie will ja *logike latreia* sein, »Logisierung« meiner Existenz, die innere Gleichzeitigkeit zwischen mir und der Hingabe Christi. Seine Hingabe will meine werden, damit Gleichzeitigkeit sich vollende und Verähnlichung mit Gott geschehe. Darum ist in der alten Kirche das Martyrium wie eine wirkliche Eucharistiefeier angesehen worden: äußerste Realisierung der Gleichzeitigkeit mit Christus, des Einsseins mit ihm. Die Liturgie verweist in der Tat auf den Alltag, auf mich in meiner persönlichen Existenz. Sie zielt, wie noch einmal Paulus in dem erwähnten Text sagt, darauf hin, daß »unsere Leiber« (das heißt unsere leibhaftige irdische Existenz) »lebendiges Opfer« werden, geeint dem »Opfer« Christi (Röm 12,1). Nur so erklärt sich die Dringlichkeit der Annahmebitten, die für jede christliche Liturgie charakteristisch sind. Eine Theologie, die die jetzt bedachten Zusammenhänge nicht sieht, kann das nur als widersprüchlich oder als Rückfall ins Vorchristliche ansehen, denn Christi Opfer ist ja längst angenommen. Ja, aber es ist als Stellvertretung nicht zu Ende. Das Semel (einmal) will sein Semper (immer) erreichen. Dieses Opfer ist erst ganz, wenn die Welt Raum der Liebe geworden ist, wie Augustinus es in seinem »Gottesstaat« sieht. Dann ist – wir sprachen eingangs davon – der vollendete Kult, die Vollendung des Geschehens von Golgotha. Darum beten wir in den Annahmebitten, daß Stellvertretung Wirklichkeit werde und uns ergreife. Deswegen vereinigen wir uns in den Gebeten des

Römischen Kanon mit den großen Opfernden der Vorgeschichte: Abel, Melchisedech, Abraham. Sie gingen auf den kommenden Christus zu, waren Antizipationen Christi oder – wie die Väter sagen – »Typoi« Christi. Auch die ihm vorausgingen, konnten in die Gleichzeitigkeit mit ihm eintreten, die wir für uns erflehen.

Man könnte versucht sein zu sagen, daß diese dritte Dimension der Liturgie, ihr Ausgespanntsein zwischen Christi Kreuz und unserem lebendigen Eingehen in den, der uns vertreten hat und »einer« mit uns werden will (Gal 3,18.28), deren moralischen Anspruch ausdrücke. Und zweifellos ist im christlichen Kult ein moralischer Anspruch enthalten, aber es geht doch um weit mehr als um bloßen Moralismus. Der Herr ist uns zuvorgekommen, er hat all das Unsere schon getan, er hat den Weg geöffnet, den wir nicht auftun konnten, weil unsere Kraft nicht reichte, die Brücke zu Gott hinüber zu bauen. Er ist sie selber geworden. Und nun geht es darum, daß wir uns in dieses »Sein für« aufnehmen lassen, daß wir uns umfangen lassen von seinen geöffneten Armen, die uns hinaufziehen. Er, der Heilige, heiligt uns mit der Heiligkeit, die wir alle uns selber niemals geben könnten. Wir werden einbezogen in den großen geschichtlichen Prozeß, in dem die Welt zugeht auf die Verheißung »Gott alles in allem«. In diesem Sinn ist, was zunächst als moralische Dimension erscheint, zugleich die eschatologische Dynamik der Liturgie: Die »Fülle« Christi, von der die Gefangenschaftsbriefe des heiligen Paulus sprechen, wird Wirklichkeit, und so erst wird das Paschageschehen die Geschichte hindurch vollendet: bis zum Ende dauert das »Heute« Christi (Hebr 4,7ff).

Wenn wir nun auf die bisherigen Überlegungen dieses Kapitels zurückschauen, so zeigt sich, daß wir zweimal – in verschiedenen Bereichen – einem Dreischritt begegnet sind. Die Liturgie, so sahen wir, ist gekennzeichnet durch die Spannung, die dem historischen Pascha Jesu (Kreuz und Auferstehung) als ihrer Realitätsgrundlage innewohnt. Im Einmaligen hat sich ihr Immerwährendes geformt, das – der zweite Schritt – in der liturgischen Handlung in unsere Gegenwart hereintritt und – der dritte Schritt – von da aus das Leben der Feiernden und schließlich die gesamte geschichtliche Wirklichkeit ergreifen will. Das unmittelbar Geschehende – die Liturgie – ist nur sinnvoll und für unser Leben bedeutend, weil es die beiden anderen Dimensionen in sich trägt; Vergangenheit, Gegenwart und Zukunft durchdringen sich und berühren Ewigkeit. Vorher hatten wir drei Stufen der Heilsgeschichte kennengelernt, die – nach der Formel der Kirchenväter – von Schatten zu Bild zu Wirklichkeit fortschreitet. Dabei hatten wir gesehen, daß wir in unserer Zeit – der Zeit der Kirche – in dieser mittleren Ebene der Geschichtsbewegung stehen: Der Vorhang des Tempels ist zerrissen, der Himmel durch die Vereinigung des Menschen Jesus und so allen Menschseins mit dem lebendigen Gott aufgetan. Aber diese neue Offenheit vermittelt sich uns erst durch die Zeichen des Heils. Wir bedürfen der Vermittlung und sehen den Herrn noch nicht, »wie er ist«. Wenn wir nun die beiden Dreierschemata – das geschichtliche und das liturgische – aufeinanderlegen, so zeigt sich, daß die Liturgie der genaue Ausdruck eben dieser geschichtlichen Situation ist, das »Zwischen« der Zeit der Bilder ausdrückt, in der wir stehen. Die Theologie der Liturgie ist in besonderer Weise »symbolische Theologie«, Theologie der Symbole, die uns dem Verborgen-Gegenwärtigen verbinden.

Damit ergibt sich nun endgültig die Antwort auf die Frage, von der wir ausgegangen waren: Bedürfen wir – nachdem der Tempelvorhang zerrissen ist und das Herz Gottes im durchbohrten Herzen des Gekreuzigten für uns offen dasteht – noch des heiligen Raums, der heiligen Zeit, der vermittelnden Symbole? Ja, wir brauchen sie, gerade damit wir durch das »Bild«, durch das Zeichen lernen, den offenen Himmel zu sehen; damit wir fähig werden, im durchbohrten Herzen des Gekreuzigten das Geheimnis Gottes zu erkennen. Christliche Liturgie ist nicht mehr Ersatzkult, sondern Zugehen des Stellvertreters auf uns, Hineingehen in die Stellvertretung als Hineingehen in die Wirklichkeit selbst. Wir nehmen teil an der himmlischen Liturgie, ja, aber diese Teilnahme vermittelt sich uns durch die irdischen

Zeichen, die der Erlöser uns als Raum seiner Wirklichkeit gewiesen hat. In der liturgischen Feier vollzieht sich gleichsam die Umkehrung des exitus in reditus, Auskehr wird zur Einkehr, der Abstieg Gottes zu unserem Aufstieg. Die Liturgie vermittelt die irdische Zeit in die Zeit Jesu Christi und in ihre Gegenwart hinein. Sie ist der Wendepunkt im Prozeß der Erlösung: Der Hirte nimmt das verlorene Schaf auf die Schultern und trägt es heim.

2. KAPITEL

Heilige Orte – Die Bedeutung des Kirchengebäudes

Auch die entschiedensten Gegner des Sakralen, des heiligen Raums in diesem Fall, räumen ein, daß die christliche Gemeinde den Ort der Versammlung braucht und definieren von da aus die Funktion des Kirchengebäudes in einem nicht sakralen, sondern streng funktionalen Sinn: Es ermöglicht das liturgische Miteinander. Das ist unbestreitbar eine wesentliche Funktion des Kirchengebäudes, wodurch es sich auch von der klassischen Gestalt des Tempels in den meisten Religionen unterscheidet. Den Sühneritus im Allerheiligsten des Alten Bundes vollzieht der Hohepriester allein, niemand außer ihm darf es betreten, und auch er nur einmal im Jahr. Ähnlich sind auch die Tempel aller anderen Religionen gewöhnlich nicht Versammlungsräume der Betenden, sondern der Gottheit reservierte Kulträume. Wenn das christliche Kirchengebäude sehr bald den Namen »domus ecclesiae« (Haus der »Kirche«, der Versammlung des Gottesvolkes) erhielt und dann abkürzend das Wort ecclesia (Versammlung, Kirche) nicht nur für die lebendige Gemeinde, sondern auch für das sie bergende Haus verwendet wurde, so zeigt sich eine andere Auffassung: Den »Kult« vollzieht Christus selbst in seinem Stehen vor dem Vater, er wird der Kult der Seinigen, indem sie sich mit ihm und um ihn versammeln. Diese wesentliche Unterscheidung des christlichen Gottesdienstraumes von den »Tempeln« darf allerdings nicht zu einer falschen Entgegensetzung gesteigert werden, in der auch die innere Kontinuität der religiösen Geschichte der Menschheit durchschnitten würde, die im Alten und Neuen Testament bei aller Differenz niemals aufgehoben erscheint. Cyrill von Jerusalem macht in seiner 18. Katechese (23–25) zu Recht darauf aufmerksam, daß die »convocatio« (Synagoge – Ekklesia = Versammlung des zusammengerufenen Gottesvolkes) dort, wo das Wort bei der Bestellung Aarons im Pentateuch erstmals auftaucht, auf Kult hingeordnet ist. Er zeigt, daß dies auch an allen weiteren Stellen der Thora gilt, und auch im Übergang zum Neuen Testament ist diese Zuordnung nicht verlorengegangen. Das Zusammenrufen, die Versammlung hat ein Wozu; dieses Wozu ist der Kult, von dem aus und auf den hin der Ruf ergeht. Er ist es, der die Zusammengerufenen eint, ihrem Miteinander seine Würde und seine Bedeutung gibt, nämlich das Einssein in jenem »Frieden«, den die Welt nicht geben kann. Das wird auch deutlich bei dem alt- und neutestamentlichen Urbild von »Ekklesia« – der Gemeinschaft am Sinai –: Sie kommt zusammen, um Gottes Wort zu hören und es im Opfergeschehen zu besiegeln, so daß »Bund« wird zwischen Gott und dem Menschen.

Aber sehen wir uns statt weiterer grundsätzlicher Erwägungen die konkrete Gestaltwerdung des Kirchenraumes etwas genauer an. Louis Bouyer hat – vor allem in Anschluß an die Forschungen von E.L. Sukenik – gezeigt, wie das christliche Gotteshaus ganz in der Kontinuität mit der Synagoge entsteht und ohne dramatische Brüche durch die Gemeinschaft mit Jesus Christus, dem Gekreuzigten und Auferstandenen, dann auch seine spezifisch christliche Neuheit erhält. Dieser enge Anschluß an die Synagoge, ihre architektonische Gestalt und ihre gottesdienstliche Form, widerspricht durchaus nicht dem, was wir vorhin sagten, daß nämlich die christliche Liturgie auch den Tempel in sich einbeziehe und nicht nur die Synagoge fortsetze. Denn die Synagoge selbst verstand sich ganz auf den Tempel hin bezogen. Die Synagoge war nie einfach ein Ort bloßer Unterweisung, eine Art von religiösem Schulzimmer, wie Bouyer sich ausdrückt, sondern immer auf die Gegenwart Gottes ausgerichtet. Diese Gegenwart Gottes aber war (und ist) für den Juden unauflöslich mit dem Tempel verknüpft. Demgemäß war die Synagoge durch zwei Brennpunkte gekennzeichnet. Der eine ist die »Cathedra des Mose«, von der auch der Herr im Evangelium spricht (Mt 23,2). Der Rabbi redet nicht aus Eigenem, er ist auch nicht ein akademischer Lehrer, der intellektuell das Wort Gottes analysiert und reflektiert; er vergegenwärtigt das Wort, das Gott durch Mose an Israel gerichtet hat und heute richtet. Gott spricht durch Mose heute. Die Cathedra des Mose steht dafür, daß der Sinai nicht einfach Vergangenheit ist, daß hier nicht einfach Menschenrede geschieht, sondern daß Gott spricht.

Die Cathedra des Mose steht daher nicht für sich selbst und in sich selbst. Sie ist auch nicht einfach dem Volk zugewandt, sondern der Rabbi blickt – wie jedermann sonst in der Synagoge – zur Bundeslade oder besser: zum Thora-Schrein hin, der die verlorene Bundeslade vertritt. Die Bundeslade war bis zum Exil der einzige »Gegenstand« gewesen, der im Allerheiligsten Platz finden durfte und ihm seine besondere Note gab. Die Lade war verstanden als leerer Thron, auf dem sich die Schekhina – die Wolke der Gegenwart Gottes – niederläßt. Die Cherube, in denen gleichsam die Weltelemente dargestellt sind, figurieren dort als »Thronassistenten«; sie sind nicht mehr selbstmächtige Gottheiten, sondern Ausdruck der den einzigen Gott anbetenden Schöpfungskräfte. »Der du thronst zwischen den Cherubim« wird der Gott angerufen, den die Himmel nicht fassen, der aber die Lade als »Fußschemel« seiner Gegenwart gewählt hat. In dieser Hinsicht verkörpert die Lade so etwas wie die Realpräsenz Gottes unter den Seinen; sie ist zugleich eindrucksvolle Gestalt der Bildlosigkeit des alttestamentlichen Kultes, der Gott in seiner Souveränität beläßt und ihm gleichsam nur den Schemel seines Thrones hinhält. Die Bundeslade war im Exil verlorengegangen, das Allerheiligste fortan leer: So fand es Pompeius, als er, den Tempel durchschreitend, den Vorhang zurückschlug, neugierig ins Allerheiligste eintrat und gerade in dem leeren Raum dem ganz Eigenen der biblischen Religion begegnete: Das leere Allerheiligste war nun auch ein Akt der Erwartung, der Hoffnung geworden, daß Gott selbst seinen Thron wiederherstellen werde.

Wenn die Synagoge im Thora-Schrein eine Art Bundeslade birgt, so ist sie dadurch Raum für eine Art von »Realpräsenz«, da in ihr die Thora-Rollen aufbewahrt werden: das lebendige Wort Gottes, durch das er in Israel unter den Seinen thront. Deswegen wurde der Schrein mit den Zeichen der Ehrfurcht umgeben, die der geheimnisvollen Präsenz Gottes entsprechen: Er war von einem Schleier geschützt, vor dem die sieben Lichter der Menora, des siebenarmigen Leuchters, brannten. Diese Ausstattung der Synagoge mit einer »Bundeslade« bedeutet aber keineswegs, daß nun sozusagen die Ortsgemeinde autark wurde, sich selbst genügte, sondern gerade sie ist der Ort ihrer Selbstüberschreitung auf den Tempel, auf die Gemeinsamkeit des einen Volkes Gottes von dem einen Gott her: Die Thora ist überall ein und dieselbe. So weist die Lade über sich hinaus, auf den einen Ort seiner Gegenwart, den Gott sich erwählt hat – das Allerheiligste im Tempel zu Jerusalem. Dieses Allerheiligste des Tempels blieb, wie Bouyer sich ausdrückt, »der allerletzte Brennpunkt des Gottesdienstes in der Synagoge« (21). »So waren alle Synagogen, zur Zeit unseres Herrn und seither, daraufhin ausgerichtet.« Rabbi und Volk blicken auf die »Bundeslade«, und indem sie dies tun, richten sie sich nach Jerusalem aus, wenden sich dem Allerheiligsten des Tempels als dem Ort von Gottes Gegenwart für sein Volk zu. Das blieb auch nach der Zerstörung des Tempels so. War schon das leere Allerheiligste Ausdruck einer Hoffnung gewesen, so ist es nun der zerstörte Tempel, der auf die Wiederkehr der Schekhina, auf seine Wiedererrichtung durch den kommenden Messias wartet.

Diese Ausrichtung auf den Tempel und so die Verbindung der Wortliturgie der Synagoge mit der Opferliturgie des Tempels zeigt sich in der Form des Gebets. Die Gebete beim Entfalten und Verlesen der Schriftrollen wurden aus den rituellen Gebeten entwickelt, die ursprünglich mit den Opferhandlungen im Tempel zusammenhingen und die nun – gemäß der Tradition der tempellosen Zeit – selbst als ein Äquivalent des Opfers betrachtet werden durften. Das erste der zwei großen Gebete des Synagogenritus gipfelt im gemeinsamen Sprechen des Quiddusch, wozu der Hymnus der Seraphim aus Jes 6 und der Hymnus der Cherubim aus Ez 3 gehören. Bouyer bemerkt dazu: »Wahrscheinlich verhielt es sich so, daß das Einstimmen der Menschen in diesen himmlischen Gesang, in diesen Kult des Tempels ein zentrales Merkmal des täglich, morgens und abends, dargebrachten Weihrauchopfers war« (27). Wen würde das nicht an das Trishagion der christlichen Liturgie, das »dreimal Heilig« am Beginn des Kanons erinnern, in dem nicht die Gemeinde eigene Gedanken oder Poesien vorbringt, sondern über sich hinausgerissen wird, einstimmen darf in den kosmischen Lobpreis der Cherube und der Seraphe? Das andere große Gebet der Synagoge gipfelt »im Rezitieren der Avoda, die nach den Rabbinen früher das Weihegebet beim täglichen Brandopfer im Tempel war« (27). Die ihr angefügte Bitte um die Ankunft des Messias und die endgültige Wiederherstellung Israels könnte nach Bouyer »als der Ausdruck des eigentlichen Wesens des Opferaktes aufgefaßt« werden (28). Erinnern wir uns hier an den Übergang von den Tieropfern zur »logosgemäßen Anbetung«, der den Weg vom Alten ins Neue Testament markiert. Schließlich bleibt noch zu erwähnen, daß für die Synagoge kein eigener architektonischer Typus geschaffen wurde; man bediente sich der »typisch griechischen Gebäudeform für öffentliche Versammlungen: der Basilika« (23), deren durch Säulenreihen abgetrennte Seitenschiffe das Zirkulieren der Eintretenden ermöglichten.

Ich habe mich bei der Beschreibung der Synagoge so lange aufgehalten, weil die wesentlichen Konstanten des gottesdienstlichen Raumes der Christen bereits hier sichtbar werden und so noch einmal die wesentliche Einheit der Testamente deutlich wird. Es verwundert nicht, daß der innere Zusammenhang von Synagoge und Kirchengebäude, Kontinuität und Neuerung im Geistlichen in den Bauten der semitischen, nichtgriechischen Christenheit, also im Bereich der monophysitischen und nestorianischen Kirchen des Vorderen Asien, die sich im Lauf der christologischen Auseinandersetzungen des 5. Jahrhunderts von der byzantinischen Reichskirche trennten, am meisten in seiner ursprünglichen Gestalt erhalten blieb.

Es ergeben sich gegenüber der eben skizzierten Gestalt der Synagoge aus dem Wesen des christlichen Glaubens heraus drei Neuerungen, die zugleich das eigentliche und neue Profil der christlichen Liturgie kennzeichnen. Die erste: Man blickt nicht mehr nach Jerusalem, der zerstörte Tempel wird nicht mehr als der Ort der irdischen Gegenwart Gottes angesehen. Der steinerne Tempel drückt nicht mehr die Hoffnung der Christen aus; sein Vorhang ist für immer zerrissen. Man blickt nun nach Osten, der aufgehenden Sonne entgegen. Das ist kein Sonnenkult, sondern der Kosmos spricht von Christus. Auf ihn wird nun das Sonnenlied des Psalms 19 (18) gedeutet, wo es heißt: »Sie (die Sonne) ist wie ein Bräutigam, der aus seinem Gemach heraustritt... Vom Ende des Himmels geht sie aus, und ihr Umlauf reicht wieder bis an sein Ende...« (Vers 6f). Dieser Psalm geht unvermittelt von einer Rühmung der Schöpfung in einen Lobpreis des Gesetzes über. Das wird nun von Christus her verstanden, der das lebendige Wort, der ewige Logos und so das wahre Licht der Geschichte ist, das in Betlehem aus dem Brautgemach der jungfräulichen Mutter herausgetreten ist und nun die ganze Welt erleuchtet. Der Osten löst als Symbol den Jerusalemer Tempel ab, Christus – in der Sonne dargestellt – ist der Ort der Schekhina, der wahre Thron des lebendigen Gottes; in der Menschwerdung ist die menschliche Natur wahrhaft zum Thronsitz Gottes geworden, der so für immer der Erde verbunden und unserem Beten zugänglich ist. Das Gebet nach Osten ist in der alten Kirche als eine apostolische Tradition angesehen worden. Auch wenn man den Anfang der Wendung nach Osten, das Abgehen von der Blickrichtung auf den Tempel, zeitlich nicht genau datieren kann, so ist doch sicher, daß dies in die allerfrüheste Zeit zurückreicht und immer als ein wesentliches Merkmal christlicher Liturgie (wie auch des privaten Gebets) angesehen wurde. In dieser »Orientierung« (oriens = Osten; Orientierung heißt daher »Ostung«, [Aus-]Richtung nach Osten hin) des christlichen Betens verbinden sich verschiedene Bedeutungen. Orientierung ist zunächst einfach Ausdruck des Hinschauens auf Christus als den Begegnungsort zwischen Gott und Mensch. Sie drückt die christologische Grundform unseres Betens aus. Daß man Christus in der aufgehenden Sonne symbolisiert findet, weist aber auch auf eine eschatologisch bestimmte Christologie hin. Die Sonne symbolisiert den wiederkehrenden Herrn, den endgültigen Sonnenaufgang der Geschichte. Nach Osten beten bedeutet: dem kommenden Christus entgegengehen. Liturgie, die nach Osten gerichtet ist, vollzieht gleichsam das Eintreten in die Prozession der Geschichte auf ihre Zukunft hin, auf den neuen Himmel und die neue Erde zu, die in Christus uns entgegengehen. Sie ist Gebet der Hoffnung, Beten unterwegs in der Richtung, in die das Leben Christi, seine Passion und seine Auferstehung uns weisen. Weil es so ist, wurde sehr früh schon in Teilen der Christenheit die Ostrichtung durch das Kreuz unterstrichen. Das mochte sich aus einer Verbindung von Apk 1,7 und Mt 24,30 ergeben. In der Offenbarung des Johannes heißt es: »Siehe, er kommt auf den Wolken, und jedes Auge wird ihn sehen, auch jene, die ihn durchbohrten, und wehklagen werden über ihn alle Geschlechter der Erde. Ja, Amen.« Der Apokalyptiker lehnt sich hier an Joh 19,32 an, wo am Ende der Kreuzigungsszene der geheimnisvolle Prophetentext Sach 12,10 zitiert wird, der nun plötzlich ganz konkreten Sinn gewinnt: »Sie werden schauen auf den, den sie durchbohrt haben.« Schließlich wird in Mt 24,30 das folgende Herrenwort überliefert: »Dann [am Ende der Tage] wird das Zeichen des Menschensohnes erscheinen, und wehklagen werden alle Stämme der Erde [Sach 12,10]. Und sie werden den Menschensohn kommen sehen auf den Wolken des Himmels [Dan 7,13] mit großer Macht und Herrlichkeit.« Das Zeichen des Menschensohnes, des Durchbohrten, ist das Kreuz, das nun zum Siegeszeichen des Auferstandenen geworden ist. So gehen der Symbolismus des Kreuzes und des Orients ineinander über; beide sind Ausdruck ein und desselben Glaubens, in dem die Erinnerung an Jesu Pascha Gegenwart schafft und ihr die Dynamik der Hoffnung gibt, die dem Kommenden entgegengeht. Schließlich bedeutet diese Wendung nach Osten aber auch, daß Kosmos und Heilsgeschichte zusammengehören. Der Kosmos betet mit, auch er wartet auf die Erlösung. Gerade diese kosmische Dimension ist der christlichen Liturgie wesentlich. Sie vollzieht sich nie nur in der selbstgemachten Welt des Menschen. Sie ist immer kosmische Liturgie – das Thema Schöpfung gehört in das christliche Gebet hinein. Es verliert seine Größe, wenn es diesen Zusammenhang vergißt. Deswegen sollte man die apostolische Tradition der Ostung im Kirchenbau wie im Vollzug der Liturgie unbedingt wieder aufgreifen, wo immer es möglich ist. Wir werden auf dieses Thema zurückkommen, wenn wir von der Ordnung des liturgischen Betens sprechen.

Die zweite Neuerung gegenüber der Synagoge besteht darin, daß ein völlig neues Element erscheint, das es in der Synagoge nicht geben konnte: An der Ostwand bzw. an der Apsis steht nun der Altar, auf dem das eucharistische Opfer gefeiert wird. Eucharistie ist – wir sahen es – Eintreten in die himmlische Liturgie, Gleichzeitigwerden mit dem Anbetungsakt Jesu Christi, in den er durch seinen Leib die Zeit der Welt hineinnimmt und zugleich immerfort über sich hinausführt, aus sich herausreißt in die Gemeinschaft der ewigen Liebe hinein. So bedeutet der Altar ein Hereintreten des Orients in die versammelte Gemeinschaft und ein Hinausgehen der Gemeinschaft aus dem Kerker dieser Welt durch den nun offenen Vorhang hindurch, Teilhabe am Pascha, am »Übergang« von der Welt zu Gott, den Christus eröffnet hat. Es ist klar, daß der Altar in der Apsis zum »Oriens« hinblickt und zugleich selbst ein Stück davon ist. Hatte man in der Synagoge über die »Bundeslade«, den Schrein des Wortes, hinweg nach Jerusalem geblickt, so hat sich mit dem Altar ein neuer Schwerpunkt ergeben: In ihm ist – um es zu wiederholen – das nun neu gegenwärtig, was vorher der Tempel bedeutet hatte. Er dient ja unserer Gleichzeitigkeit mit dem Opfer des Logos. Er hält so den Himmel in die versammelte Gemeinschaft hinein, oder vielmehr: Er führt sie über sich hinaus in die Gemeinschaft der Heiligen aller Orte und aller Zeiten. Wir könnten auch sagen: Der Altar ist gleichsam der Ort des aufgerissenen Himmels; er schließt den Kirchenraum nicht ab, sondern auf – in die ewige Liturgie hinein. Wir werden über die praktischen Konsequenzen dieser Bedeutung des christlichen Altars hernach zu sprechen haben, weil ja die Frage nach der richtigen Stellung des Altars im Zentrum der nachkonziliaren Auseinandersetzungen steht.

Zunächst aber müssen wir die aus dem Wesen des christlichen Glaubens folgenden Umgestaltungen der Synagoge noch vervollständigen. Da ist als Drittes zu bemerken, daß der Schrein des Wortes erhalten bleibt, auch was seinen Ort im Kirchengebäude angeht, aber notwendigerweise gibt es auch hier eine wesentliche Neuerung. Zur Thora treten die Evangelien, von denen her sich erst der Sinn der Thora aufschließt: »Über mich hat Mose geschrieben«, sagt Christus (Joh 5,46). Der Schrein des Wortes, die »Bundeslade«, wird nun zum Thron des Evangeliums, das freilich die »Schriften« nicht aufhebt, nicht beiseiteschiebt, sondern sie deutet, so daß sie immerfort auch die »Schriften« der Christen bilden und ohne sie das Evangelium ohne Fundament wäre. Der Synagogenbrauch, den Schrein mit einem Vorhang zu verhüllen, um die Heiligkeit des Wortes auszudrücken, wird beibehalten. Es ergibt sich ganz von selbst, daß auch der neue, zweite heilige Ort, der Altar, mit einem Vorhang umgeben wird, aus dem sich in der Kirche des Ostens die Ikonostase entwickelt hat. Die Zweiheit der heiligen Orte wurde für den Vollzug der Liturgie bedeutsam: Bei der Liturgie des Wortes war die Gemeinde um den Schrein der heiligen Bücher bzw. um die ihm zugeordnete Cathedra versammelt, die ganz von selbst aus der Cathedra des Mose zum Stuhl des Bischofs wurde. Wie der Rabbi nicht aus eigener Vollmacht redete, so auch der Bischof, der nun im Namen und Auftrag Christi die Bibel auslegt, so daß sie aus geschriebenem und vergangenem Wort wieder wird, was sie ist: gegenwärtige Anrede Gottes an uns. Nach dem Abschluß der Wortliturgie, bei der die Gläubigen um den Sitz des Bischofs stehen, pilgern alle gemeinsam mit dem Bischof zum Altar, und nun ertönt der Zuruf: Conversi ad Dominum – Wendet euch dem Herrn zu, das heißt: Blickt nun gemeinsam mit dem Bischof nach Osten, im Sinn des Wortes aus dem Hebräerbrief: »Laßt uns aufblicken zu Jesus, dem Begründer und Vollender des Glaubens ...« (12,2). Die eucharistische Liturgie vollzieht sich im Aufblick zu Jesus, *ist* Aufblick zu ihm. Die Liturgie hat also im frühen Kirchenbau zwei Orte. Da ist als erstes der Wortgottesdienst in der Mitte des Raumes, bei dem die Gläubigen um das »Bema« gruppiert sind, den erhöhten Bereich, in dem sich der Thron des Evangeliums, der Sitz des Bischofs und die Lesepulte befanden. Die eigentliche Eucharistiefeier hat ihren Ort in der Apsis, beim Altar, den die Gläubigen »umstehen«, die alle gemeinsam mit dem Zelebranten nach Osten, zum kommenden Herrn hingewendet sind.

Schließlich ist ein letzter Unterschied zwischen der Synagoge und dem frühesten Kirchenbau zu erwähnen: In Israel galt nur die Anwesenheit der Männer als konstitutiv für den Gottesdienst. Nur auf sie bezog man das in Ex 19 beschriebene allgemeine Priestertum. Die Frauen konnten daher in der Synagoge nur auf Tribünen oder Logen Platz finden. In der Kirche Christi gab es von den Aposteln, von Jesus her eine solche Unterscheidung nicht. Auch wenn den Frauen der öffentliche Dienst des Wortes nicht anvertraut wurde, so waren sie doch genau wie die Männer in den Gottesdienst als ganzen einbezogen. Deshalb fanden sie nun – freilich getrennt von den Männern – Platz im heiligen Raum selbst, um das Bema so wie um den Altar.

3. KAPITEL

Der Altar und die Gebetsrichtung in der Liturgie

Die bisher beschriebene Umgestaltung der Synagoge auf den christlichen Gottesdienst hin läßt – wir sagten es schon – Kontinuität und Neuheit im Verhältnis von Altem zu Neuem Testament auch architektonisch sehr deutlich erkennen. Damit war der räumliche Ausdruck für den eigentlich christlichen Gottesdienst, die Eucharistiefeier, mit dem ihr zugeordneten Dienst des Wortes geschaffen. Es ist klar, daß weitere Entwicklungen nicht nur möglich, sondern nötig wurden. Die Taufe mußte den ihr zugeordneten Raum finden. Das Sakrament der Buße hat einen sehr langen Entwicklungsweg durchlaufen, dessen Ergebnis in die Gestalt des Kirchenbaues eintreten mußte. Die Volksfrömmigkeit hat sich in ihren je verschiedenen Gestalten notwendigerweise auch im Gottesdienstraum ausgedrückt. Die Frage der Bilder war zu klären, die Kirchenmusik in das Raumgefüge einzuordnen. Aber auch der architektonische Kanon von Wort- und Sakramentsgottesdienst, den wir kennenlernten, war nicht starr; freilich muß bei allen Entwicklungen und Neugestaltungen die Frage gestellt werden: Was entspricht dem Wesen des Gottesdienstes und was führt von ihm weg? Für diese Frage richtet die Gestalt der Gottesdiensträume der semitisch sprechenden und denkenden Christenheit, die wir eben betrachtet haben, Maßstäbe auf, die man nicht übergehen darf. Vor allem aber ist über alle Variationen hinaus bis tief ins 2. Jahrtausend hinein für die ganze Christenheit eines klar geblieben: Die Gebetsrichtung nach Osten ist Tradition vom Anfang her und grundlegender Ausdruck der christlichen Synthese von Kosmos und Geschichte, von Verankerung im

Einmaligen der Heilsgeschichte und von Zugehen auf den kommenden Herrn. Die Treue zum schon Geschenkten wie die Dynamik des Vorwärtsgehens drücken sich in ihr gleichermaßen aus.

Der heutige Mensch hat wenig Verständnis für eine solche »Orientierung«. Während es für Judentum und Islam nach wie vor selbstverständlich ist, daß man zum zentralen Offenbarungsort hin betet – zu dem Gott, der sich uns gezeigt hat, wie und wo er sich gezeigt hat – ist in der westlichen Welt ein abstraktes Denken herrschend geworden, das in gewisser Hinsicht sogar Frucht der christlichen Entwicklung ist. Gott ist geistig, und Gott ist überall: Heißt das nicht, daß Beten an keinen Ort und an keine Richtung geknüpft ist? In der Tat, wir können überall beten, und Gott ist uns überall erreichbar. Diese Universalität des Gottesgedankens ist Folge der christlichen Universalität, des christlichen Hinschauens zu dem Gott über allen Göttern, der den Kosmos umgreift und uns innerlicher ist als wir uns selbst. Aber dieses Wissen um die Universalität ist doch Frucht von Offenbarung: Gott hat sich uns gezeigt. Nur deswegen kennen wir ihn, nur deswegen können wir vertrauensvoll überall zu ihm beten. Und eben deswegen ist es auch nach wie vor angemessen, daß im christlichen Beten sich die Zuwendung zu dem Gott ausdrückt, der sich uns offenbart hat. Und wie Gott selbst Leib angenommen hat, in Raum und Zeit der Erde eingetreten ist, so ist es dem Gebet – mindestens dem gemeinsamen Gottesdienst – angemessen, daß unser Reden mit Gott »inkarnatorisch« sei, daß es christologisch sei, durch die Vermittlung des Menschgewordenen sich an den dreifaltigen Gott wende. Das kosmische Symbol der aufgehenden Sonne drückt die Universalität über alle Orte aus und hält doch die Konkretheit der Gottesoffenbarung fest. Unser Beten fügt sich so in die Prozession der Völker zu Gott ein.

Aber wie steht es mit dem Altar? Wohin beten wir in der eucharistischen Liturgie? Während im byzantinischen Kirchenbau im großen und ganzen die eben geschilderte Struktur beibehalten wurde, hat sich in Rom eine etwas andere Anordnung entwickelt. Der

Bischofsstuhl wurde in die Mitte der Apsis verlegt; demgemäß wurde der Altar in das Kirchenschiff gerückt. So scheint es in der Laterankirche und in Santa Maria Maggiore noch bis ins 9. Jahrhundert gewesen zu sein. In der Peterskirche rückte hingegen unter Gregor dem Großen (590–604) der Altar nahe an den Bischofssitz heran, wohl einfach, weil er möglichst über dem Grab des heiligen Petrus stehen sollte. Daß wir das Opfer des Herrn in der alle Zeiten übergreifenden Gemeinschaft der Heiligen feiern, erfuhr so einen sinnfälligen Ausdruck. Die Sitte, den Altar über den Martyrergräbern zu errichten, reicht wohl weit zurück und entspricht demselben Motiv: Die Martyrer führen die Hingabe Christi die Geschichte hindurch fort; sie sind gleichsam der lebendige Altar der Kirche, der nicht aus Stein besteht, sondern aus den Menschen, die Glieder von Christi Leib wurden und so den neuen Kult ausdrücken: Opfer ist die mit Christus zur Liebe werdende Menschheit. Es scheint, daß die Anordnung der Peterskirche dann auch in vielen römischen Stationskirchen nachgeahmt wurde.

Die umstrittenen Einzelheiten dieser Vorgänge sind für unsere Überlegung nicht wesentlich. Der Disput unseres Jahrhunderts ist vielmehr durch eine andere Neuerung ausgelöst worden. Von den topographischen Umständen her ergab es sich, daß die Peterskirche nach Westen blickte. Wollte also der zelebrierende Priester – wie es die christliche Gebetsüberlieferung verlangt – nach Osten blicken, so stand er hinter dem Volk und schaute demgemäß – so ist die Schlußfolgerung – zum Volk hin. Aus welchen Gründen auch immer kann man im direkten Einflußbereich von St. Peter in einer Reihe von Kirchenbauten diese Anordnung sehen. Die liturgische Erneuerung des 20. Jahrhunderts hat diese vermutete Gestalt aufgegriffen und so aus ihr eine neue Idee der gottesdienstlichen Form entwickelt: Eucharistie müsse *versus populum* (zum Volk hin) zelebriert werden; der Altar müsse – wie es in der normativen Gestalt von St. Peter zu sehen sei – so aufgestellt werden, daß Priester und Volk sich gegenseitig anblicken und gemeinsam den Kreis der Feiernden bilden. Nur das entspreche dem Sinn der christlichen Liturgie, dem Auftrag aktiver Beteiligung. Nur so entspreche man auch dem Urbild des Letzten Abendmahles. Diese Schlußfolgerungen erschienen schließlich so überzeugend, daß nach dem Konzil (das selber nicht von der »Wendung zum Volk hin« spricht) allenthalben neue Altäre errichtet wurden; die Zelebrationsrichtung versus populum erscheint heute geradezu als die eigentliche Frucht der liturgischen Erneuerung durch das II. Vaticanum. In der Tat ist sie die sichtbarste Folge von Neugestaltung, die nicht nur eine äußere Anordnung liturgischer Orte bedeutet, sondern auch eine neue Idee vom Wesen der Liturgie als gemeinschaftlichem Mahl einschließt.

Der Sinn der römischen Basilika und ihrer Aufstellung des Altars ist damit freilich mißverstanden, und auch die Vorstellung vom Letzten Mahl Jesu ist mindestens ungenau. Hören wir dazu Louis Bouyer: »Die Idee, die Feier versus populum sei die ursprüngliche Form und besonders diejenige des Letzten Abendmahls gewesen, beruht ganz einfach auf der irrigen Vorstellung eines christlichen oder auch nichtchristlichen Gastmahls im Altertum. Nie hatte der Vorsitzende der Tafelgesellschaft in der frühchristlichen Zeit seinen Platz den anderen Teilnehmern gegenüber. Alle saßen oder lagen an der konvexen Seite eines sigma- oder hufeisenförmigen Tisches... Nirgends im christlichen Altertum hätte die Idee aufkommen können, der Vorsitzende eines Mahles müsse seinen Platz versus populum einnehmen. Der gemeinschaftliche Charakter eines Mahls wurde gerade durch die gegenteilige Anordnung betont, nämlich durch die Tatsache, daß alle Teilnehmer sich an derselben Seite des Tisches befanden« (54f).

Dieser Analyse der »Mahlgestalt« ist nun freilich hinzuzufügen, daß die Eucharistie der Christen mit dem Begriff »Mahl« überhaupt nicht zulänglich beschrieben werden kann. Denn der Herr hat das Neue des christlichen Kultes zwar im Rahmen eines jüdischen (Pascha-)Mahles gestiftet, aber nur dies Neue und nicht das Mahl als solches zur Wiederholung aufgetragen. Das Neue hat sich daher sehr bald aus dem alten Kontext gelöst und seine ihm gemäße, eigene

Gestalt gefunden, die zunächst schon dadurch vorgegeben war, daß Eucharistie auf das Kreuz zurückverweist und damit auf die Umwandlung des Tempelopfers in den logosgemäßen Gottesdienst. So ergab es sich nun auch, daß die synagogale Wortliturgie, christlich erneuert und vertieft, mit dem Gedächtnis von Christi Tod und Auferstehung zur »Eucharistie« verschmolz und gerade so die Treue zum Auftrag »Tut dies« verwirklicht wurde. Diese neue Gesamtgestalt war als solche nicht einfach vom Mahl abzuleiten, sondern aus dem Zusammenhang von Tempel und Synagoge, von Wort und Sakrament, von kosmischer und geschichtlicher Dimension zu bestimmen. Sie drückt sich eben in der Form aus, die wir in der liturgischen Struktur der frühen Kirchen der semitischen Christenheit fanden. Sie ist selbstverständlich auch für Rom grundlegend geblieben. Ich zitiere dazu noch einmal Bouyer: »Niemals und nirgends zuvor (das heißt vor dem 16. Jahrhundert) findet sich ein Hinweis darauf, daß der Frage, ob der Priester mit dem Volk vor oder hinter sich zelebrierte, die geringste Bedeutung beigemessen oder auch nur Aufmerksamkeit geschenkt worden sei. Professor Cyrille Vogel hat nachgewiesen: wenn überhaupt auf etwas Gewicht gelegt wurde, so darauf, daß der Priester das eucharistische Gebet wie alle anderen Gebete nach Osten hin gewendet sprechen sollte... Selbst wenn die Orientierung der Kirche dem Priester erlaubte, am Altar dem Volk zugewendet zu beten, so dürfen wir nicht vergessen, daß nicht der Priester allein sich nach Osten wandte, sondern die ganze Versammlung mit ihm« (56).

Diese Zusammenhänge waren freilich im Kirchenbau und im liturgischen Vollzug der Neuzeit verdunkelt oder ganz aus dem Bewußtsein gefallen. Nur so läßt es sich erklären, daß nun die gemeinsame Gebetsrichtung von Priester und Volk als »Zelebrieren zur Wand hin« oder »dem Volk den Rücken zeigen« etikettiert wurde und damit jedenfalls als absurd und völlig unannehmbar erscheinen mußte. Nur so ist es zu erklären, daß nun das Mahl – noch dazu in neuzeitlichen Bildern gedacht – zur normativen Idee für die liturgische Feier der Christen wurde. In Wahrheit ist damit eine Klerikalisierung eingetreten, wie sie vorher nie existiert hatte. Nun wird der Priester – der Vorsteher, wie man ihn jetzt lieber nennt – zum eigentlichen Bezugspunkt des Ganzen. Alles kommt auf ihn an. Ihn muß man sehen, an seiner Aktion teilnehmen, ihm antworten; seine Kreativität trägt das Ganze. Verständlich, daß man diese eben erst geschaffene Rolle nun wieder zu reduzieren versucht, indem man vielfältige Aktivitäten verteilt und die »kreative« Gestaltung vorbereitenden Gruppen anvertraut, die vor allem »sich selbst einbringen« wollen und sollen. Immer weniger steht Gott im Blickfeld, immer wichtiger wird alles, was die Menschen tun, die sich hier treffen und schon gar nicht sich einem »vorgegebenen Schema« unterwerfen wollen. Die Wendung des Priesters zum Volk formt nun die Gemeinde zu einem in sich geschlossenen Kreis. Sie ist – von der Gestalt her – nicht mehr nach vorne und oben aufgebrochen, sondern schließt sich in sich selber. Die gemeinsame Wendung nach Osten war nicht »Zelebration zur Wand«, bedeutete nicht, daß der Priester »dem Volk den Rücken zeigt«: So wichtig war er gar nicht genommen. Denn wie man in der Synagoge gemeinsam nach Jerusalem blickte, so hier gemeinsam »zum Herrn hin«. Es handelte sich – wie es einer der Väter der Liturgiekonstitution des II. Vaticanums, J.A. Jungmann, ausdrückte – vielmehr um Gleichrichtung von Priester und Volk, die sich gemeinsam in der Prozession zum Herrn hin wußten. Sie schließen sich nicht zum Kreis, schauen sich nicht gegenseitig an, sondern sind als wanderndes Gottesvolk im Aufbruch zum Oriens, zum kommenden Christus, der uns entgegengeht.

Aber ist das nicht alles Romantik und Schwärmerei für Vergangenes? Kann uns die Urform des christlichen Betens heute noch etwas sagen, oder müssen wir nicht einfach unsere Form, die Form für unsere Zeit finden? Natürlich kann man nicht einfach das Vergangene nachahmen wollen. Jede Zeit muß das Wesentliche neu finden und ausdrücken. So kommt es darauf an, dies Wesentliche durch die wechselnden Erscheinungen hindurch zu entdecken. Es wäre sicher verfehlt, die neuen Gestaltungen des 20. Jahrhunderts in Bausch und

Bogen zu verwerfen. Es war berechtigt, den oft allzu weit von den Gläubigen entfernten Altar wieder an das Volk heranzurücken, wobei man ja in Domkirchen ohnedies auf die Tradition des Kreuzaltars zurückgreifen konnte, der im Übergang vom Presbyterium zum Schiff seinen Platz gefunden hatte. Wichtig war es auch, den Ort des Wortgottesdienstes wieder deutlich vom eigentlich eucharistischen Gottesdienst abzuheben, denn hier geht es tatsächlich um Anrede und Antwort, und so ist ein Gegenüber von Verkündern und Hörern sinnvoll, die im Psalm das Gehörte verarbeiten, in sich aufnehmen und in Gebet umwandeln, so daß es Antwort wird. Wesentlich bleibt dagegen die gemeinsame Wendung nach Osten beim Hochgebet. Hier geht es nicht um Zufälliges, sondern um Wesentliches. Nicht der Blick auf den Priester ist wichtig, sondern der gemeinsame Blick auf den Herrn. Nicht um Dialog geht es nun, sondern um gemeinsame Anbetung, um den Aufbruch zum Kommenden hin. Nicht der geschlossene Kreis entspricht dem Wesen des Geschehens, sondern gemeinsamer Aufbruch, der sich in gemeinsamer Richtung ausdrückt.

Gegen diese von mir schon früher vorgetragenen Einsichten hat A. Häußling verschiedene Einwände vorgebracht. Den ersten habe ich eben schon berührt. Diese Ideen seien Romantik des Früheren, verfehlte Sehnsucht nach Vergangenem. Es sei merkwürdig, daß ich nur vom Altchristlichen spreche und die ganzen folgenden Jahrhunderte überspringe. Von seiten eines Liturgiewissenschaftlers ist dies ein bemerkenswerter Einwand, denn die Problematik eines großen Teils der modernen Liturgiewissenschaft sehe ich gerade darin, daß sie nur das Alte als ursprungsgemäß und daher maßgebend anerkennen möchte und alles Spätere, das dann im Mittelalter und von Trient her entwickelt wurde, als Abfall ansieht. So kommt man zu fragwürdigen Rekonstruktionen des Ältesten, zu wechselnden Maßstäben und damit zu ständig neuen Gestaltungsvorschlägen, die letztlich die lebendig gewachsene Liturgie auflösen. Demgegenüber ist es wichtig und notwendig zu sehen, daß nicht das Alte an sich und als solches Maßstab sein kann und daß das später Gewordene nicht automatisch als ursprungsfremd eingestuft werden darf. Es kann durchaus lebendige Entwicklung sein, in der der Same des Ursprungs reift und Frucht trägt. Wir werden auf diesen Gedanken gleich noch einmal zurückkommen müssen. In unserem Fall aber geht es, wie schon gezeigt, gerade nicht um romantische Flucht ins Alte, sondern um das Wiederentdecken des Wesentlichen, in dem christliche Liturgie ihre bleibende Richtung ausdrückt. Häußling meint freilich, die Wendung nach Osten, zur aufgehenden Sonne hin – das könne man doch heute nicht mehr in die Liturgie einzubringen versuchen. Wirklich nicht? Geht uns heute der Kosmos nicht mehr an? Sind wir heute wirklich rettungslos in unseren eigenen Kreis eingehaust? Ist es nicht gerade heute wichtig, mit der ganzen Schöpfung zu beten? Ist es nicht gerade heute wichtig, der Dimension der Zukunft, der Hoffnung auf den wiederkommenden Herrn Raum zu geben, die Dynamik auf die neue Schöpfung wieder als Wesensform der Liturgie zu erkennen, zu leben?

Ein weiterer Einwand ist, man brauche nicht auf den Osten und nicht auf das Kreuz hinzuschauen, sondern wenn Priester und Gläubige sich gegenseitig anblickten, so würden sie ja gerade im Menschen das Bild Gottes anschauen, und deshalb sei die Zuwendung zueinander die richtige Gebetsrichtung. Es fällt mir schwer zu glauben, daß der berühmte Rezensent diese Einrede ernst gemeint hat. Denn so einfach sieht man das Bild Gottes im Menschen nicht. »Bild Gottes« ist im Menschen ja nicht das, was man fotografieren oder was man mit dem bloßen fotografischen Zublick sehen kann. Sicher, man kann es sehen, aber nur mit dem neuen Sehen des Glaubens. Man kann es sehen, so wie man in einem Menschen die Güte, die Redlichkeit, die innere Wahrheit, die Demut, die Liebe sehen kann – das, was ihn gottähnlich macht. Aber eben dazu muß man das neue Sehen lernen, und dazu ist die Eucharistie auch da.

Wichtiger ist ein praktischer Einwand. Sollen wir nun wieder alles umstellen? Nichts ist für die Liturgie schädlicher als das ständige Machen, auch wenn es sich um wirkliche Erneuerung zu handeln scheint. Ich sehe einen Ausweg in einem Hinweis, der sich im Anschluß an Einsichten von Erik Peterson ergibt. Die Richtung nach Osten wurde, wie wir hörten, mit dem »Zeichen des Menschensohns« in Verbindung gebracht, mit dem Kreuz, das die Wiederkunft des Herrn ankündigt. So wurde der Osten sehr früh mit dem Kreuzeszeichen verbunden. Wo die direkte gemeinsame Zuwendung zum Osten nicht möglich ist, kann das Kreuz als der innere Osten des Glaubens dienen. Es sollte in der Mitte des Altares stehen und der gemeinsame Blickpunkt für den Priester und für die betende Gemeinde sein. So folgen wir dem alten Gebetsruf, der an der Schwelle der Eucharistie stand: »Conversi ad Dominum« – Wendet euch zum Herrn hin. So schauen wir zusammen auf den, dessen Tod den Tempelvorhang aufgerissen hat – auf den, der für uns vor dem Vater steht und uns in seine Arme schließt, uns zum lebendigen neuen Tempel macht. Zu den wahrhaft absurden Erscheinungen der letzten Jahrzehnte zähle ich es, daß man das Kreuz auf die Seite stellt, um den Blick zum Priester freizugeben. Stört das Kreuz bei der Eucharistie? Ist der Priester wichtiger als der Herr? Diesen Irrtum sollte man so schnell wie möglich korrigieren; das geht ohne neuerliche Umbauten. Der Herr ist der Bezugspunkt. Er ist die aufgehende Sonne der Geschichte. Daher kann es sich sowohl um ein Passionskreuz handeln, das den Leidenden vergegenwärtigt, der seine Seite für uns durchbohren ließ, aus der Blut und Wasser – Eucharistie und Taufe – strömen, wie es sich um ein Triumphkreuz handeln kann, das den Gedanken der Wiederkunft ausdrückt und den Blick auf sie hinlenkt. Denn immer ist es der eine Herr: »Christus gestern, heute und in Ewigkeit« (Hebr 13,8).

4. KAPITEL

Die Aufbewahrung des heiligsten Sakraments

Die Kirchen des 1. Jahrtausends kennen keinen Tabernakel. Statt dessen war zunächst der Schrein des Wortes, dann vor allem der Altar als heiliges Zelt gestaltet. Stufen führten zu ihm hinauf, ein »Ciborium«, ein Marmorbaldachin, an dem brennende Lampen hingen, beschützte ihn und betonte seinen sakralen Charakter. Zwischen den Säulen des Ciboriums war ein Vorhang angebracht (Bouyer 48–50). Der Tabernakel als heiliges Zelt, als Ort der Schekhina, der Gegenwart des lebendigen Herrn, hat sich erst im 2. Jahrtausend entwickelt, als Frucht leidvoll errungener theologischer Klärungen, in denen die bleibende Gegenwart Christi in der verwandelten Hostie mit großer Deutlichkeit hervortrat. Hier stehen uns nun die Verfallstheorie, die Kanonisierung des Anfänglichen und die Romantik des 1. Jahrtausends im Weg. Transsubstantiation (Wesensverwandlung von Brot und Wein), Anbetung des Herrn im Sakrament, eucharistischer Kult mit Monstranz und Prozessionen – das alles seien mittelalterliche Irrtümer, so sagt man uns; Irrtümer, von denen man nun ein für alle Mal Abschied nehmen müsse. Die eucharistischen Gaben seien zum Essen, nicht zum Anschauen da; solche und ähnliche Schlagworte hören wir. Die Leichtfertigkeit, mit der solche Behauptungen aufgestellt werden, kann nur verwundern nach den tiefgehenden dogmengeschichtlichen, theologischen und ökumenischen Disputen, die von großen Theologen im 19. Jahrhundert und in der ersten Hälfte des 20. Jahrhunderts geleistet wurden, nun aber vergessen scheinen.

Auf diese theologischen Fragestellungen näher einzugehen, kann nicht Sinn dieses kleinen Buches sein. Ganz offenkundig ist schon bei Paulus, daß Brot und Wein Leib und Blut Christi werden, daß er selbst, der Auferstandene, da ist und sich uns zu essen gibt. Der Nachdruck, mit dem Joh 6 die Realpräsenz herausstellt, könnte wohl schwerlich überboten werden. So besteht auch bei den Kirchenvätern von den frühesten Zeugen an – denken wir an Justin den Martyrer oder an Ignatius von Antiochien – kein Zweifel an dem großen Geheimnis dieser uns geschenkten Gegenwart, an der Umwandlung der Gaben im Eucharistiegebet. Auch ein so aufs Spirituelle ausgerichteter Theologe wie Augustinus hat daran nie einen Zweifel gelassen, ja, man kann bei ihm sehen, wie gerade das Bekenntnis zur Inkarnation und zur Auferstehung, das mit dem eucharistischen Glauben an die leibliche Gegenwart des Auferstandenen engstens zusammenhängt, den Platonismus umgewandelt hat, »Fleisch und Blut« eine neue Würde erhielten und in die Ewigkeitshoffnung des Christen eintraten. Oft mißverstanden wird eine wichtige Erkenntnis, die uns H. de Lubac geschenkt hat. Das Ziel der Eucharistie – das war immer klar – ist unsere eigene Umwandlung, so daß wir mit Christus »ein Leib und ein Geist« werden (vgl. 1 Kor 6,17). Dieser Zusammenhang, daß Eucharistie *uns* verwandeln, die Menschheit selbst zum lebendigen Tempel Gottes, zum Leib Christi umgestalten will, wurde bis in das frühe Mittelalter hinein in dem Begriffspaar »corpus mysticum« und »corpus verum« ausgedrückt. »Mysticum« hat in der Sprache der Väter nicht die Bedeutung von »mystisch« im heutigen Sinn, sondern bedeutet: dem Mysterium, dem Bereich des Sakraments zugehörig. So wurde mit dem Wort corpus mysticum der sakramentale Leib, die leibliche Gegenwart Christi im Sakrament ausgedrückt. Er ist uns nach den Vätern dazu gegeben, daß wir selbst corpus verum, realer Leib Christi, werden. Die Wandlungen des Sprachgebrauchs und der Denkformen führten dazu, daß sich im Mittelalter die Bedeutungen umkehrten. Als corpus verum (wahrer Leib) wurde nun das Sakrament angesprochen, die Kirche aber als corpus mysticum, als »mystischer Leib«, wobei nun »mystisch« nicht mehr die

Bedeutung »sakramental«, sondern die Bedeutung »mystisch«, das heißt geheimnisvoll hat. Aus dieser von Lubac sorgsam beschriebenen sprachlichen Wendung heraus haben manche abgeleitet, nun sei ein bisher unbekannter Realismus, ja, Naturalismus in die Eucharistielehre eingedrungen, und die große Sicht der Väter sei zugunsten einer statischen und einseitigen Idee von Realpräsenz verabschiedet worden.

Wahr ist, daß in einer solchen sprachlichen Wendung sich auch eine geistige Wende ausdrückt, die man freilich so einseitig nicht beschreiben kann, wie es in den eben angedeuteten Tendenzen geschieht. Als richtig wird man anerkennen, daß etwas von der eschatologischen Dynamik und vom Wir-Charakter des eucharistischen Glaubens verlorenging oder wenigstens zurücktrat. Daß das Sakrament selbst, wie wir oben sahen, eine Dynamik in sich trägt, die auf die Umwandlung der Menschheit und der Welt in neuen Himmel und neue Erde, in die Einheit des auferstandenen Leibes Christi hinein abzielt, das war wohl nicht mehr so lebendig im Blick wie zuvor. Daß Eucharistie nicht primär auf den einzelnen zielt, sondern daß der eucharistische Personalismus zugleich auf Vereinigung, auf Überschreitung der Mauer zwischen Gott und Mensch, zwischen ich und du im neuen Wir der Gemeinschaft der Heiligen hindrängt, hatte man zwar nicht einfach vergessen, war aber doch nicht mehr so deutlich im Bewußtsein wie ehedem. Wenn es so Verluste im christlichen Bewußtsein gegeben hat, die wir heute versuchen müssen, wieder wettzumachen, so hat es doch auch eine Gewinnseite des Ganzen gegeben. Ja, der eucharistische Leib des Herrn will uns zusammenführen, damit wir alle »sein wahrer Leib« werden. Aber das kann die eucharistische Gabe nur, weil in ihr der Herr uns *seinen wahren* Leib schenkt; nur der wahre Leib im Sakrament kann den wahren Leib der neuen Gottesstadt bauen. Diese Einsicht verbindet die beiden Perioden; von ihr zuerst muß man ausgehen. Immer schon war auch in der alten Kirche bewußt geblieben, daß das einmal verwandelte Brot verwandelt bleibt. Deshalb bewahrte man es für die Kranken auf; deshalb erwies man ihm Ehrfurcht, wie es in der Kirche des Ostens noch heute geschieht. Aber nun vertieft sich dieses Bewußtsein: Die Gabe *ist* verwandelt. Der Herr hat dieses Stück Materie definitiv an sich gezogen, und darin ist nicht eine sachliche Gabe enthalten, sondern gegenwärtig ist er, der Unteilbare, der Auferstandene: mit Fleisch und Blut, mit Leib und Seele, mit Gottheit und Menschheit. Der ganze Christus ist da. In der Frühzeit der Liturgischen Bewegung hat man gelegentlich eine »sachhafte Auffassung« der Eucharistie in der Zeit der Väter und eine personalistische seit dem Mittelalter unterscheiden zu müssen geglaubt. Die eucharistische Gegenwart sei nicht als Person-Gegenwart verstanden worden, sondern als Gegenwart einer Gabe, die von der Person zu unterscheiden sei. Das ist Unsinn. Wer die Texte liest, kann für diese Ideen nirgendwo eine Stütze finden. Wie sollte auch der Leib Christi zu einer »Sache« werden? Es gibt nur die ganze Gegenwart Christi. Und Eucharistie empfangen heißt: nicht eine »sachhafte« Gabe essen (Leib und Blut?), sondern das Ineinandertreten von Person zu Person geschieht hier. Der lebendige Herr schenkt sich mir, tritt in mich ein und lädt mich ein, mich in ihn hineinzugeben, so daß gilt: »Ich lebe, doch nicht mehr ich, sondern Christus lebt in mir« (Gal 2,20). Nur so ist Kommunizieren ein wahrhaft menschlicher, ein den Menschen erhöhender und verwandelnder Akt.

Dieses Wissen »Er ist da, ganz er selbst, und er bleibt da« ist im Mittelalter der Christenheit mit einer ganz neuen Intensität aufgegangen. Daran hat die Vertiefung des theologischen Denkens entscheidend mitgewirkt, aber noch wichtiger als die Vertiefung des Denkens war die neue Erfahrung der Heiligen, wie sie sich besonders in der franziskanischen Bewegung und in der neuen Evangelisierung durch die Predigerbrüder entfaltete. Nicht ein mittelalterliches Mißverständnis eines abseitigen Denkens liegt vor, sondern durch die Erfahrung der Heiligen – unterstützt und erleuchtet vom Denken der Theologen – erschließt sich eine neue Dimension der christlichen Wirklichkeit, die doch zugleich in innerster Kontinuität mit dem bisher Geglaubten steht. Wiederholen wir es noch einmal: Das vertiefte Glaubensbewußtsein wird von der Erkenntnis ergriffen: In der verwandelten Gestalt ist Er da und bleibt da. Wo das mit allen Fasern des Herzens, des Verstandes und der Sinne erfahren wird, ist die Konsequenz unausweichlich: Dann müssen wir dieser Gegenwart den ihr gebührenden Raum schaffen. Und so bildet sich nach und nach die Form des Tabernakels aus, der immer mehr, immer selbstverständlicher die Stelle einnimmt, die ehedem der (inzwischen verschwundenen) »Bundeslade« zukam. Denn in der Tat: Im Tabernakel ist das nun ganz verwirklicht, wofür ehedem die Bundeslade stand. Er ist der Ort des »Allerheiligsten«. Er ist das Zelt Gottes, der Thron, da er unter uns ist, seine Gegenwart (Schekhina) nun wirklich unter uns wohnt – in der armseligsten Dorfkirche nicht weniger als im größten Dom. Auch wenn der endgültige Tempel erst sein wird, wenn die Welt Neues Jerusalem geworden ist – das, worauf der Tempel zu Jerusalem verwies, ist hier auf höchste Weise Gegenwart. Das Neue Jerusalem ist antizipiert, in der Demut der Brotsgestalt.

Niemand sage nun: Eucharistie gehöre zum Essen, nicht zum Anschauen. Sie ist doch kein »gewöhnliches Brot«, wie die ältesten Überlieferungen immer wieder betonen. Sie zu essen ist – wir sagten es eben – ein spiritueller, ein ganzmenschlicher Vorgang. Ihn »essen« heißt: ihn anbeten. Ihn »essen« heißt: ihn einlassen in mich, so daß mein Ich umgewandelt wird und sich öffnet in das große Wir hinein, so daß wir in ihm »ein einziger« werden (Gal 3,17). So steht Anbetung nicht gegen Kommunion, auch nicht neben ihr, sondern Kommunion erreicht ihre Tiefe nur, wenn sie getragen und umfangen ist von der Anbetung. Die eucharistische Gegenwart im Tabernakel setzt nicht eine andere Auffassung von Eucharistie neben oder gegen die Eucharistiefeier, sondern bedeutet erst ihre volle Verwirklichung. Denn diese Gegenwart bewirkt ja, daß in der Kirche immer Eucharistie ist. Sie wird nie zum toten Raum, sondern sie ist immer durchlebt von der Gegenwart des Herrn, die aus der Eucharistiefeier kommt, uns in sie hineinführt und uns immer an der kosmischen Eucharistie teilnehmen läßt. Welcher gläubige Mensch hätte das nicht erfahren? Eine

Kirche ohne eucharistische Gegenwart ist irgendwie tot, auch wenn sie zum Beten einlädt. Aber eine Kirche, in der vor dem Tabernakel das ewige Licht brennt, lebt immer, ist immer mehr als steinerner Bau: In ihr wartet der Herr immer auf mich, ruft mich, will mich selbst »eucharistisch« machen. So bereitet er mich für die Eucharistie, so setzt er mich in Bewegung auf seine Wiederkunft hin.

Die Wende des Mittelalters hat Verluste gebracht, aber sie hat auch eine wundervolle seelische Vertiefung geschenkt, sie hat die Größe des im Abendmahlssaal gestifteten Geheimnisses ausgefaltet und es so in einer neuen Fülle erfahren lassen. Wie viele Heilige – gerade auch Heilige der Nächstenliebe – sind von dieser Erfahrung genährt und dem Herrn entgegengeführt worden! Diesen Reichtum dürfen wir nicht verlieren. Damit die Gegenwart des Herrn uns konkret anrührt, muß der Tabernakel auch in der Architektonik des Kirchenbaues den gebührenden Platz finden.

5. KAPITEL

HEILIGE ZEIT

Wenn wir nun nach der Bedeutung heiliger Zeiten im Aufbau der christlichen Liturgie fragen, so ist all das schon vorausgesetzt, was wir im ersten Kapitel dieses Teils über die Bedeutung von Zeit und Raum im christlichen Gottesdienst bedacht haben. Alle Zeit ist Gotteszeit. Das ewige Wort hat in seiner Menschwerdung mit der Annahme der menschlichen Existenz auch die Zeitlichkeit angenommen, die Zeit hinein in den Raum der Ewigkeit gezogen. Christus ist selbst die Brücke zwischen Zeit und Ewigkeit. Wenn es zunächst zwischen dem Immer der Ewigkeit und der dahinfließenden Zeit keine Beziehung geben zu können scheint – nun hat der Ewige selbst Zeit an sich gezogen; im Sohn koexistiert die Zeit mit der Ewigkeit. Gottes Ewigkeit ist nicht einfach Zeitlosigkeit, Negation von Zeit, sondern Zeitmächtigkeit, die sich als Mitsein und Insein in der Zeit verwirklicht. Im Menschgewordenen, der immer Mensch bleibt, wird dieses Mitsein leibhaftig und konkret.

Alle Zeit ist Gotteszeit. Aber wiederum gilt, daß die besondere Struktur der Zeit der Kirche, die wir als ein »Zwischen« kennengelernt haben – zwischen Schatten und reiner Wirklichkeit –, das Zeichen verlangt, eine besonders ausgewählte und ausgezeichnete Zeit, welche die Zeit als ganze in Gottes Hände hineinziehen soll. Dies kennzeichnet ja den biblischen Universalismus, daß er nicht auf einer allgemeinen transzendentalen Verfaßtheit des Menschen beruht, sondern durch eine Wahl hindurch zum Ganzen kommen will. Nun wird aber auch die Frage fällig: Was ist denn das eigentlich – die Zeit? Diese Frage, die die großen Denker in allen Perioden der Geschichte bewegt hat, können wir hier natürlich nicht als solche ausloten. Aber ein paar kurze Fingerzeige sind wohl doch unerläßlich, damit der Umgang der Liturgie mit der Zeit in seiner Eigenart verständlich wird. Zeit ist zunächst eine kosmische Realität: Der Kreislauf der Erde um die Sonne (oder wie die Alten meinten: der Sonne um die Erde) gibt einen Rhythmus des Seins, den wir Zeit nennen – von Stunde zu Stunde, vom Morgen zum Abend und vom Abend zum Morgen, vom Frühling über Sommer und Herbst zum Winter hin. Neben diesem Sonnenrhythmus steht der kürzere des Mondes – vom langsamen Wachsen bis zu seinem Verschwinden im Neumond und dem wieder neuen Beginn. Beide Rhythmen haben spezifische Maße geschaffen, die in der Kulturgeschichte in wechselnden Verbindungen erscheinen. Sie sind Ausdruck der Verwobenheit des Menschen ins All: Zeit ist zunächst ein kosmisches Phänomen. Der Mensch lebt mit den Gestirnen; der Weg von Sonne und Mond prägt sein eigenes Leben.

Daneben und darunter gibt es aber noch weitere Rhythmen im eigenen Maß anderer Stufen des Seins: Die Pflanze hat ihre Zeit; die Jahresringe der Bäume zum Beispiel zeigen die innere und eigene Zeit des Baumes an, die freilich mit der kosmischen Zeit unlöslich verflochten ist. Der Mensch hat im Weg seines Reifens und Verwelkens wieder seine eigene Zeit; man könnte sagen, daß sein Herzschlag so etwas wie der innere Rhythmus seiner eigenen Zeit ist, in der wiederum die Schicht des Organischen und des Seelisch-Geistigen eine geheimnisvolle Synthese eingehen, die ihrerseits hineingehalten ist ins Große des Alls, aber auch ins Gemeinsame der Geschichte. Der Weg der Menschheit, den wir Geschichte nennen, ist eine eigene Weise von Zeit.

All dies ist in der Liturgie und in ihrer eigenen eigentümlichen Weise der Bezogenheit auf Zeit gegenwärtig. Der heilige Raum der christlichen Gottesverehrung ist selbst schon auf Zeit hin geöffnet: Die Ostung bedeutet ja, daß das Beten der aufgehenden Sonne zugewandt ist, die nun Träger einer geschichtlichen Bedeutung wurde. Sie verweist auf das Pascha-Geheimnis Jesu Christi, auf Tod und neuen Aufgang. Sie verweist auf die Zukunft der Welt und die Vollendung aller Geschichte im endgültigen Kommen des Erlösers. So greifen im christlichen Beten Zeit und Raum ineinander; der Raum selbst ist Zeit geworden, und die Zeit wird sozusagen räumlich, tritt in den Raum herein. Und wie sich Raum und Zeit verflechten, so auch Geschichte und Kosmos. Die kosmische Zeit, die von der Sonne bestimmt wird, wird Darstellung der menschlichen Zeit und wird Darstellung der geschichtlichen Zeit, die auf die Einheit von Gott und Welt, von Geschichte und All, von Materie und Geist, mit einem Wort: auf die »neue Stadt« zugeht, deren Licht Gott selber ist, so daß Zeit Ewigkeit wird und Ewigkeit sich der Zeit vermittelt.

In der alttestamentlichen Frömmigkeit finden wir eine doppelte Gliederung der Zeit: zum einen durch den Wochenrhythmus, der auf den Sabbat zugeht, zum anderen durch die Feste, die teils von der Schöpfungsthematik – Saat und Ernte, dazu Feste nomadischer Tradition – bestimmt sind, teils vom Gedenken an Gottes geschichtliches Handeln; häufig verbinden sich diese beiden Ursprünge miteinander. Diese Grundgestalt gilt im Christentum weiter, das gerade auch in der Ordnung der Zeit in einer tiefen inneren Kontinuität mit dem jüdischen Erbe steht, in dem wiederum das Erbe der Weltreligionen aufgenommen und dem einen Gott zugeeignet, von ihm her gereinigt und erleuchtet ist.

Beginnen wir mit dem Wochenrhythmus. Wir hatten gesehen, daß der Sabbat das Zeichen des Bundes in die Zeit einträgt, Schöpfung und Bund miteinander verknüpft. Diese Grundordnung, die auch in den Dekalog eingegangen ist, blieb als solche selbstverständlich im Christentum bestehen. Aber nun war durch Menschwerdung, Kreuz und Auferstehung der Bund auf eine neue Stufe gehoben worden, so sehr, daß jetzt von »neuem Bund« die Rede sein muß. Gott hatte noch einmal und neu gehandelt, um dem Bund seine universale Weite und seine endgültige Form zu geben. Dieses Handeln hatte aber mit dem Wochenrhythmus zu tun: Sein Höhepunkt, auf den alles andere ausgerichtet war, war die Auferstehung Jesu »am dritten Tag«. Bei unseren Überlegungen über das Abendmahl haben wir gesehen, daß Abendmahl, Kreuz und Auferstehung zusammengehören – daß die Hingabe Jesu bis in den Tod hinein den Abendmahlsworten ihren Realismus gibt, aber daß diese Hingabe sinnlos wäre, wenn der Tod das letzte Wort hätte. So wird erst durch die Auferstehung der neue Bund voll: Nun ist der Mensch für immer Gott geeint. Nun sind sie beide wirklich unauflösbar miteinander verbunden. So ist der Auferstehungstag der neue Sabbat. Er ist der Tag, an dem der Herr unter die Seinen tritt und sie in seine »Liturgie«, in seine Verherrlichung Gottes einlädt und sich ihnen austeilt. Der Morgen des »dritten Tages« wird die Stunde des christlichen Gottesdienstes. Augustinus hat vom Zusammenhang zwischen Abendmahl, Kreuz und Auferstehung her gezeigt, wie durch deren innere Einheit das Abendmahl ganz selbstverständlich zum Morgenopfer wurde und gerade so der Auftrag der Abendmahlsstunde sich erfüllt. Der Übergang von Altem zu Neuem Bund zeigt sich sinnenfällig gerade im Übergang vom Sabbat zum Auferstehungstag als dem neuen Bundeszeichen; der Sonntag nimmt dabei den Sinngehalt des Sabbats von selber in sich auf. Für diesen Tag gibt es drei verschiedene Benennungen: Vom Kreuz her gesehen ist es der dritte Tag; im Alten Testament war der dritte Tag als der Tag der Theophanie, als der Tag des Eintretens Gottes in die Welt nach der Zeit der Erwartungen angesehen worden. Vom Wochenschema her ist es der erste Tag der Woche; schließlich haben die Väter aber auch noch die Erwägung angefügt, daß es, von der ganzen vorausgegangenen Woche her gesehen, der achte Tag ist.

So greifen drei Symbolismen ineinander, deren wichtigster freilich die Bestimmung als erster Wochentag ist. In der Mittelmeerwelt, in der das Christentum sich geformt hat, war der erste Wochentag als der Tag der Sonne angesehen, während die übrigen Tage den verschiedenen damals bekannten Planeten zugeteilt waren. Der Gottesdiensttag der Christen war vom Gedächtnis an Gottes Handeln, vom Auferstehungsdatum Jesu aus bestimmt worden. Aber nun ergab es sich von selbst, daß dieses Datum die gleiche kosmische Symbolik in sich trug, die auch die christliche Gebetsrichtung bestimmte. Die Sonne verkündet Christus, Kosmos und Geschichte sprechen gemeinsam von ihm. Dazu kam aber noch ein Weiteres: Der erste Tag ist der Tag des Schöpfungsbeginns. Die neue Schöpfung nimmt die alte Schöpfung auf. Der christliche Sonntag ist auch ein Schöpfungsfest: Dank für die Gabe der Schöpfung, für das »Es werde«, mit dem Gott das Sein der Welt gesetzt hat. Er ist Dank dafür, daß Gott die Schöpfung nicht zerstören läßt, sondern sie nach allen Zerstörungen des Menschen wiederherstellt. Im Datum des ersten Tages ist der paulinische Gedanke enthalten, daß die Schöpfung wartet auf das Offenbarwerden der Söhne Gottes (Röm 8,19): Wie die Sünde die Schöpfung zertritt (wir sehen es!), so wird sie heil, wenn »Söhne Gottes« auftreten. Der Sonntag legt damit auch den Auftrag des Schöpfungsberichtes aus: »Macht euch die Erde untertan!« (Gen 1,28). Das heißt nicht: Versklavt sie! Beutet sie aus! Tut mit ihr, was ihr wollt! Sondern es heißt: Erkennt sie als Gabe Gottes! Hütet und pflegt sie, wie Söhne das Erbe des Vaters pflegen. Pflegt sie, daß sie ein wahrer Gottesgarten werde und daß ihr innerer Sinn sich erfülle, daß auch für sie gelte, daß Gott »alles in allem« ist. Genau diese Orientierung wollten die Väter ausdrücken, wenn sie den Auferstehungstag auch als achten Tag benannten. Der Sonntag blickt nicht nur rückwärts, sondern vorwärts. Auf die Auferstehung hinschauen bedeutet, auf die Vollendung hinschauen. Mit dem Auferstehungstag am Tag nach dem Sabbat hat Christus gleichsam die Zeit überschritten und über sich hinausgehoben. Die Väter verbanden damit die Idee, daß die Weltgeschichte als Ganze gleichsam als eine große Sieben-Tage-Woche gemäß den Lebensaltern des Menschen anzusehen sei. Der achte Tag bedeutet so die neue Zeit, die mit der Auferstehung angebrochen ist. Er läuft gleichsam schon jetzt mit der Geschichte mit. In der Liturgie greifen wir schon auf ihn hinüber. Aber zugleich ist er uns voraus: Zeichen der endgültigen Welt Gottes, in der Schatten und Bild überschritten sind in das endgültige Miteinander Gottes mit seiner Kreatur hinein. Von diesem Symbolismus des achten Tages her hat man die

Baptisterien – die Taufkirchen – gern als Oktogone, achteckig, gebaut, um Taufe als Geburt in den achten Tag hinein, in die Auferstehung Christi und in die damit eröffnete neue Zeit hinein auszulegen.

Der Sonntag ist so für den Christen das eigentliche Maß der Zeit, das Zeitmaß seines Lebens. Er beruht nicht auf einer beliebig austauschbaren Konvention, sondern trägt eine einzigartige Synthese von geschichtlicher Erinnerung, von Schöpfungsgedenken und von Theologie der Hoffnung in sich. Er ist das wöchentlich wiederkehrende Auferstehungsfest der Christen, aber er macht damit doch das spezifische Gedenken an das Pascha Jesu nicht überflüssig. Aus dem Neuen Testament geht selbst deutlich hervor, daß Jesus ganz bewußt auf seine »Stunde« zuging. Das vom Johannesevangelium herausgestellte Wort von der »Stunde Jesu« hat gewiß eine vielschichtige Bedeutung. Aber zunächst verweist es auf ein Datum: Jesus wollte nicht an einem beliebigen Datum sterben. Sein Tod hatte Bedeutung für die Geschichte, für die Menschheit, für die Welt. Deswegen mußte er auch in eine ganz bestimmte kosmische und geschichtliche Stunde hineinverflochten sein. Er gehört mit dem Pascha der Juden zusammen, wie es in Ex 12 dargestellt und geordnet ist. Besonders Johannes und der Hebräerbrief zeigen, daß er auch den Gehalt anderer Feste, vor allem des Versöhnungstages, in sich aufnimmt, aber sein eigentliches Datum ist das Pascha: Sein Tod ist nicht irgendein Unfall, er ist ein »Fest« – er bringt das zu Ende, was im Pascha symbolisch eröffnet ist. Er führt – wie wir gesehen haben – vom Ersatz zur Wirklichkeit, dem Stellvertretungsdienst seiner Hingabe.

Das Pascha ist die »Stunde« Jesu. Gerade mit der Bindung an dieses Datum zeigt sich die universalgeschichtliche Bedeutung von Jesu Sterben. Pascha war zunächst ein Nomadenfest; von Abel an bis in die Apokalypse hinein ist das geopferte Lamm Vor-Zeichen des Erlösers, der reinen Hingabe. Wir brauchen hier die Bedeutung des Nomadischen im Ursprung der biblischen Religion nicht weiter zu verfolgen. Für die Entstehung des Monotheismus ist es bedeutsam: Nicht in den großen Städten und in den fruchtbaren Ländern an den großen

Strömen konnte er entstehen. In der Wüste, in der nur Himmel und Erde sich gegenüberstehen, konnte er wachsen; in der Unbehaustheit des Wandernden, der nicht einen Ort vergöttlichte, sondern immerfort auf den mit ihm wandernden Gott setzen mußte. Neuerdings wird auch darauf aufmerksam gemacht, daß das Paschafest datumsmäßig im Sternbild des Widders – des Lammes – liegt. Für die Festlegung des Osterdatums war dies freilich, wenn überhaupt, nur von marginaler Bedeutung. Wesentlich dafür war der Anschluß an das Datum von Tod und Auferstehung Jesu, das von selbst die Verbindung mit dem jüdischen Festkalender einschloß. Freilich brachte nun auch gerade diese Verbindung, in der es wieder um den Zusammenhang von Altem und Neuem Testament wie um die Neuheit des Christlichen ging, Zündstoff mit sich, der im 2. Jahrhundert zum Osterfeststreit führte, den erst das Konzil von Nizäa (325) wenigstens für die Großkirche beilegen konnte. Denn es gab nun einerseits den kleinasiatischen Brauch, der sich wohl am jüdischen Kalender ausrichtete und das christliche Ostern immer am 14. Nisan, am »Pascha der Juden« feierte. Es gab andererseits den besonders in Rom ausgebildeten Brauch, den Sonntag als den Auferstehungstag für bestimmend anzusehen; das christliche Ostern sollte demgemäß immer am Sonntag nach dem ersten Frühlingsvollmond begangen werden. Das Konzil von Nizäa hat diesen Entscheid durchgesetzt. Durch diese Regelung sind Sonnen- und Mondkalender ineinandergebunden worden, die zwei großen Formen kosmischer Ordnung der Zeit von der Geschichte Israels und vom Geschick Jesu her miteinander verknüpft. Aber kommen wir nun doch noch einmal auf das Bild des Lammes (des Widders) zurück. Im 5. Jahrhundert gab es eine Kontroverse zwischen Rom und Alexandrien über die Frage, welches Datum als letztmöglicher Ostertermin zu betrachten sei. Gemäß alexandrinischer Tradition war dies der 25. April. Papst Leo der Große (440–461) kritisierte dieses so späte Datum mit dem Hinweis, Ostern müsse gemäß biblischer Weisung in den ersten Monat fallen. Damit ist nicht etwa der April gemeint, sondern die Zeit, in der die Sonne den ersten Abschnitt des Tierkreises durchschreitet – das Sternbild des Widders. Das Sternbild am Himmel schien im voraus und für alle Zeiten von dem »Lamm Gottes« zu sprechen, das die Sünde der Welt hinwegnimmt (Joh 1,29), von dem, der alle Opfer der Unschuldigen in sich zusammenfaßt und ihnen Sinn gibt. Die geheimnisvolle Erzählung von dem Widder, der sich im Gestrüpp verfangen hatte und an die Stelle Isaaks als das von Gott selbst bestimmte Opfer trat – sie wird nun als Vor-Geschichte Christi verstanden, die Baumgabel, in der er hing, als Abbild des Tierkreiszeichens des Widders und dieses wiederum als das himmlische Vor-Bild des gekreuzigten Christus. Dabei ist noch anzumerken, daß jüdische Überlieferung das Abrahamsopfer auf den 25. März datiert. Dieser Tag wurde – wie wir gleich noch näher werden bedenken müssen – aber auch als der Tag der Weltschöpfung angesehen – als der Tag, an dem Gottes Wort verfügte: »Es werde Licht!« Schon früh wurde er schließlich auch als der Sterbetag Christi und endlich auch als der Tag seiner Empfängnis betrachtet. Eine Anspielung auf diese Zusammenhänge darf man wohl in dem Wort aus dem ersten Petrusbrief sehen, das Christus als das von Ex 12,5 geforderte »fehlerfreie« Lamm bezeichnet, das schon »vor der Erschaffung der Welt ausgesucht« war (1,20); das geheimnisvolle Wort aus Apk 13,8 von dem »Lamm, das geschlachtet ist seit Anbeginn der Welt« könnte vielleicht von hier aus zu verstehen sein – wenngleich andere Übersetzungen möglich sind, die das Paradox entschärfen. Daß von diesen kosmischen Bildern her den Christen die weltumspannende Bedeutung Christi auf unerhörte Weise sichtbar war und damit auch die Größe der im Glauben geschilderten Hoffnung verstehbar wurde – das leuchtet ein. Es scheint mir klar, daß auch wir diesen kosmischen Blick zurückgewinnen müssen, wenn wir das Christentum wieder in seiner ganzen Weite verstehen und leben wollen.

Noch zwei Hinweise zum Osterfest möchte ich anfügen. Wir hatten bei unseren bisherigen Überlegungen gesehen, wie sehr das Christentum sich von der Sonnensymbolik geprägt wußte. Die in Nizäa endgültig gewordene Datierung von Ostern hat das Fest dem Sonnenkalender eingefügt, aber auch die Bindung an den Mondkalender nicht abgeschnitten. In der Welt der Religionen erscheint der Mond mit seinen wechselnden Phasen häufig als Symbol des Weiblichen, besonders aber als Symbol der Vergänglichkeit. So entspricht die kosmische Symbolik des Mondes dem Geheimnis von Tod und Auferstehung, das im christlichen Pascha begangen wird. Wenn der Sonntag nach dem ersten Frühlingsvollmond als Osterdatum erscheint, verbinden sich die Symbolik von Sonne und Mond: Vergänglichkeit ist hineingehalten ins Unvergängliche. Tod wird zur Auferstehung und mündet in ewiges Leben hinein.

Schließlich müssen wir aber noch hinzunehmen, daß schon für Israel Pascha nicht einfach ein kosmisches Fest bedeutet, sondern bereits wesentlich einem geschichtlichen Gedächtnis zugeordnet ist: Es ist Fest des Auszugs aus Ägypten, Fest der Befreiung Israels, mit dem sein eigener Weg als Volk Gottes in der Geschichte beginnt. Das Pascha Israels ist Erinnerung an ein Handeln Gottes, das Befreiung war und so Gemeinschaft stiftete. Auch dieser Festgehalt ist ins Christliche eingegangen und hat dazu geholfen, die Bedeutungstiefe der Auferstehung Christi zu begreifen. Jesus hatte bewußt seine letzten Wege mit dem Pascha Israels verbunden, es als seine »Stunde« bestimmt. So muß es einen inneren Zusammenhang zwischen dem Gedächtnis Israels und dem neuen Ereignis der heiligen drei Tage der Christenheit geben. Die letzte Bedrohung des Menschen ist der Tod. Der Mensch wird erst dann vollends befreit sein, wenn er vom Tod befreit ist. In der Tat war ja Israels Bedrückung in Ägypten eine Form von Tod, der das Volk als solches zerstören sollte und wollte. Über alle männlichen Nachkommen war der Tod verhängt. In der Paschanacht durchschreitet nun umgekehrt der Todesengel Ägypten und erschlägt seine Erstgeburt. Die Befreiung ist Befreiung zum Leben. Christus, der Erstgeborene der Schöpfung, nimmt den Tod auf sich und zertritt in der Auferstehung die Macht des Todes: Der Tod hat nicht mehr das letzte Wort. Die Liebe des Sohnes erweist sich als stärker als der Tod, denn sie eint den Menschen mit der Liebe Gottes, der das Sein selber ist. So wird in der Auferstehung Christi nicht nur ein individuelles Schicksal in Erinnerung gerufen. Er ist nun bleibend da, weil er lebt. Er versammelt uns, damit wir leben: »Ich lebe, und ihr werdet leben« (Joh 14,19). Von Ostern her verstehen sich die Christen als »Lebende«, als solche, die aus einer Existenz herausgefunden haben, die mehr Totsein als Leben ist, als solche, die das wirkliche Leben entdeckt haben: »Das ist das ewige Leben, daß sie dich erkennen, den allein wahren Gott, und den du gesandt hast, Jesus Christus« (Joh 17,3). Die Befreiung vom Tod ist zugleich die Befreiung aus der Gefangenschaft des Individualismus, aus dem Kerker des Ich, aus der Unfähigkeit zu lieben und sich mitzuteilen. So wird Ostern zum großen Tauffest, in dem der Mensch gleichsam den Durchgang durch das Rote Meer vollzieht, aus seiner alten Existenz heraustritt in die Gemeinschaft mit Christus, dem Auferstandenen, hinein und so in die Gemeinschaft mit allen, die ihm zugehören. Auferstehung ist gemeinschaftsbildend. Sie schafft das neue Volk Gottes. Das Weizenkorn, das allein gestorben ist, bleibt nicht allein, sondern bringt viel Frucht. Der Auferstandene bleibt nicht allein, er zieht die Menschheit zu sich hinauf und schafft so die neue, universale Gemeinschaft der Menschen. Der ganze Sinngehalt des jüdischen Pascha ist im christlichen Ostern vergegenwärtigt. Dabei geht es nicht um Erinnerung eines an sich vergangenen und unwiederholbaren Ereignisses, sondern – wie wir schon sahen – das Einmal wird zum Immer: Der Auferstandene lebt und gibt Leben, lebt und wirkt Gemeinschaft, lebt und öffnet Zukunft, lebt und zeigt den Weg. Aber vergessen wir auch nicht, daß dieses nach vorne, auf Zukunft hin geöffnete Fest der Heilsgeschichte seine Wurzeln in einem kosmischen Begehen hat und diese Wurzeln nicht aufgibt: Der sterbende und neu erstehende Mond wird zum kosmischen Zeichen für Tod und Auferstehung, die Sonne des ersten Tages zum Boten Christi, der »wie ein Bräutigam aus seiner Kammer heraustritt und freudig wie ein Held seine Bahn läuft« bis an die äußersten Enden von Raum und Zeit (Ps 18 [19] 6f). Deswegen sind die christlichen

Feste nicht zeitlich beliebig zu manipulieren; die »Stunde« Jesu zeigt sich auch uns immer wieder in der Einheit von kosmischer und geschichtlicher Zeit. Durch das Fest treten wir in den Rhythmus der Schöpfung und in die Ordnung der Geschichte Gottes mit den Menschen ein.

An dieser Stelle legt sich eine Frage nahe, die ich ganz kurz erörtern möchte, bevor wir zum Weihnachtsfestkreis übergehen. Die dargestellte kosmische Symbolik hat ihre Genauigkeit nur im Raum des Mittelmeers und im Vorderen Orient, in dem die jüdische und die christliche Religion entstanden sind. Sie gilt im großen und ganzen für die ganze nördliche Hälfte der Erdkugel. Aber auf ihrer Südhälfte ist alles umgekehrt: Das christliche Ostern fällt nicht ins Frühjahr, sondern in den Herbst, Weihnachten ist nicht die Wintersonnenwende, sondern steht in der Mitte des Sommers. Hier stellt sich die Frage liturgischer »Inkulturation« mit aller Dringlichkeit: Wenn die kosmische Symbolik so wichtig ist, muß man dann nicht dort auch den Festkalender umkehren? G. Voß hat mit Recht darauf geantwortet, daß wir dann das Geheimnis Christi zu einer bloß kosmischen Religion zurückstufen, das Geschichtliche dem Kosmos unterordnen würden. Aber nicht das Geschichtliche dient dem Kosmischen, sondern das Kosmische dem Geschichtlichen, in dem erst dem Kosmos seine Mitte und sein Ziel geschenkt werden. Inkarnation bedeutet gerade auch die Bindung an den Ursprung, seine Einmaligkeit und seine – menschlich gesprochen – Zufälligkeit. Gerade sie ist uns Gewähr, daß wir nicht Mythen nachgehen, sondern daß Gott wirklich an uns gehandelt hat, unsere Zeit in seine Hände genommen hat, und nur über die Brücke dieses »Einmal« können wir in das »Immer« seiner Erbarmungen hineinkommen. Wohl aber muß die Weite des Symbols und die Weite von Gottes geschichtlichem Handeln ausgemessen werden. Voß hat sehr schön auf »herbstliche« Aspekte im Ostergeheimnis hingewiesen, die unser Verständnis des Festes vertiefen und erweitern und ihm seine besondere Physiognomie in der anderen Erdhälfte geben können. Übrigens bieten Schrift und Liturgie selbst Hinweise für die innere Verschränkung der Symbolismen. Ich hatte schon darauf aufmerksam gemacht, daß das Johannesevangelium und der Hebräerbrief für die Deutung von Jesu Passion nicht nur das Paschafest verwenden, das unmittelbar seine datumsmäßige »Stunde« ist, sondern daß sie sie zugleich vom Ritus des Versöhnungstages her auslegen, der am zehnten Tag des »siebten Monats« (September–Oktober) begangen wird: Im Pascha Jesu fallen gleichsam Ostern (Frühling) und Versöhnungstag (Herbst) ineinander. Es verknüpft Frühjahr und Herbst der Welt: Der Herbst der untergehenden Zeit wird zum Neubeginn, aber auch das Frühjahr wird als Stunde seines Todes zum Verweis auf das Ende der Zeiten, auf den Herbst der Welt, in dem nach den Vätern Christus gekommen ist. Der liturgische Kalender kannte vor der nachkonziliaren Reform eine eigentümliche Verschränkung der Zeiten, die freilich seit langem nicht mehr verstanden und viel zu äußerlich aufgefaßt wurde. Je nachdem wie früh das Osterdatum fiel, mußte die Zeit nach Epiphanie verkürzt oder verlängert werden. Die vorher ausgefallenen Sonntage wurden dann an das Ende des Kirchenjahres verlegt. Wer die damaligen Lesetexte für diese Sonntage aufmerksam erwägt, wird sehen, daß es sich weitgehend um Texte handelt, die dem Thema der Aussaat zugeordnet sind, das zum Gleichnis für die auszustreuende Saat des Evangeliums wird. Gerade deshalb können diese Texte und die entsprechenden Sonntage ihren Platz sowohl im Frühjahr wie im Herbst finden: Beide Male ist Saatzeit. Im Frühling sät der Landmann für den Herbst, im Herbst für das kommende Jahr. Saat weist immer nach vorne, sie gehört dem aufgehenden wie dem sinkenden Jahr zu, weil gerade auch das sinkende Jahr auf neue Zukunft deutet. Das Geheimnis der Hoffnung ist beide Male im Spiel und hat seine Tiefe gerade im sinkenden Jahr, das über den Untergang hinausführt auf einen neuen Anfang zu. Diese Ansätze auszuleuchten und ins gemeinsame Bewußtsein der Christen auf beiden Seiten der Erdkugel zu bringen, könnte ein großes Werk wirklicher Inkulturation sein, in dem der Süden uns im Norden helfen könnte, neue Seiten in der

Weite und Tiefe des Geheimnisses zu entdecken, und durch das wir beide seinen Reichtum neu empfangen könnten.

Wenden wir uns nun – in großer Kürze freilich – dem zweiten Schwerpunkt des Kirchenjahres zu, dem Weihnachtsfestkreis, der sich etwas später ausgebildet hat als die Ordnung von Ostern her und auf Ostern hin. Der Sonntag ist – ähnlich wie die Ostrichtung des christlichen Betens – ein Urdatum der Christenheit, das von Anfang an feststeht und die Gestalt der christlichen Existenz so sehr bestimmt, daß Ignatius von Antiochien sagt: »Wir leben nicht mehr nach dem Sabbat, sondern wir sind des Sonntags …« (Mag 9,1). Aber schon im Neuen Testament geht der Blick der Christen vom Ostereignis zurück auf die Menschwerdung Christi aus Maria der Jungfrau. Im Johannesevangelium als der abschließenden Synthese des neutestamentlichen Glaubens steht die Inkarnationstheologie gleichrangig neben der Ostertheologie, oder besser: Inkarnationstheologie und Ostertheologie stehen nicht nebeneinander, sondern erscheinen als die zwei untrennbaren Schwerpunkte des einen Glaubens an Jesus Christus, den menschgewordenen Sohn Gottes und Erlöser. Kreuz und Auferstehung setzen die Inkarnation voraus. Nur weil wirklich der Sohn und in ihm Gott selbst »herabgestiegen ist« und »Fleisch angenommen hat aus Maria der Jungfrau«, sind Tod und Auferstehung Jesu Ereignisse, die uns allen gleichzeitig sind und die uns alle berühren, uns aus der vom Tod gezeichneten Vergangenheit herausreißen und Gegenwart und Zukunft eröffnen. Umgekehrt zielt die Fleischwerdung darauf hin, daß dieses »Fleisch«, die irdische und vergängliche Existenz, zu unvergänglicher Gestalt komme, das heißt in die österliche Verwandlung eintrete. Nachdem Inkarnation als Schwerpunkt des Glaubens an Christus erkannt war, mußte sie sich auch in der liturgischen Feier ausdrücken, sich auch im Rhythmus der heiligen Zeit darstellen. Wie weit die Wurzeln des Weihnachtsfestes zurückreichen, ist schwer auszumachen. Gestalt angenommen hat es definitiv im 3. Jahrhundert. Ungefähr gleichzeitig taucht im Osten das Epiphaniefest am 6. Januar und im Westen das Weihnachtsfest am 25. Dezember auf, mit unterschiedlichen Akzentsetzungen vom unterschiedlichen religiös-kulturellen Kontext her, in dem beide Feste entstanden, aber mit einer letztlich gemeinsamen Sinngebung: die Geburt Christi als Aufgang des neuen Lichtes, der wahren Sonne der Geschichte zu begehen. Die komplizierten und teilweise umstrittenen Details der Gestaltwerdung beider Feste gehören nicht in dieses kleine Buch. Hier möchte ich nur andeuten, was mir für das Verständnis der beiden Tage hilfreich erscheint. Den Ausgangspunkt für die Festlegung von Christi Geburtstag bildet erstaunlicherweise das Datum des 25. März. Soweit mir bekannt, findet sich die älteste Notiz darüber bei dem afrikanischen Kirchenschriftsteller Tertullian (ca. 150 – ca. 207), der es offenbar als eine bekannte Überlieferung voraussetzt, daß Christus am 25. März den Tod am Kreuz erlitten hatte. In Gallien wurde dieser Tag noch bis ins 6. Jahrhundert als unbewegliches Osterdatum festgehalten. In einer im Jahr 243 ebenfalls in Afrika entstandenen Schrift über die Berechnung des Osterdatums finden wir dann im Zusammenhang mit der Deutung des 25. März als Weltschöpfungstag eine ganz eigentümliche Berechnung des Tages von Christi Geburt: Nach dem Schöpfungsbericht wurde die Sonne am vierten Schöpfungstag erschaffen, das heißt am 28. März. Und so sei dieser Tag als der Tag der Geburt Christi anzusehen, als der Aufgang der wahren Sonne der Geschichte. Dieser Gedanke wurde noch im 3. Jahrhundert dahingehend variiert, daß man den Tag der Passion und den Tag der Empfängnis Christi als identisch ansah und so am 25. März die Verkündigung des Engels und die Empfängnis des Herrn durch den Heiligen Geist im Schoß der Jungfrau verehrte. Das Fest der Geburt Christi am 25. Dezember – neun Monate nach dem 25. März – hat sich im Westen im Lauf des 3. Jahrhunderts gebildet, während im Osten – wohl aufgrund einer Kalenderdifferenz – zunächst der 6. Januar als der Geburtstag Christi gefeiert wurde, womit man wohl zugleich auf ein mythisches Göttergeburtsfest antwortete, das in Alexandrien an diesem Tag begangen wurde. Die alten Theorien, der 25. Dezember sei in Rom im Gegensatz zum Mithras-Mythos oder auch als christliche Antwort auf den Kult der unbesiegten Sonne geformt worden, der von den römischen Kaisern im 3. Jahrhundert als Versuch einer neuen Reichsreligion gefördert wurde, lassen sich heute nicht mehr halten. Ausschlaggebend für den 25. Dezember war wohl der Zusammenhang von Schöpfung und Kreuz, von Schöpfung und Empfängnis Christi, wobei von der »Stunde Jesu« her diese Daten freilich den Kosmos miteinbezogen, den Kosmos auslegten als Vor-Verkündigung Christi, des Erstgeborenen der Schöpfung (Kol 1,15), von dem die Schöpfung redet und durch den ihre stumme Botschaft enträtselt wird. Vom Erstgeborenen der Schöpfung her, der nun in die Geschichte eingetreten ist, erhält der Kosmos seinen wahren Sinn: Von ihm her steht nun fest, daß das Abenteuer der Schöpfung, des von Gott unterschiedenen eigenen und freien Seins von Welt, nicht im Absurden und Tragischen endet, sondern durch alle Erschütterungen und Zerstörungen hindurch positiv ist. Gottes Gutheißung vom siebten Tag ist wahr und endgültig bestätigt. Von diesem ursprünglich kosmischen Gehalt des Empfängnis- und Geburtsdatums her konnte dann auch die Herausforderung des Sonnenkultes angenommen und positiv in die Theologie des Festes einbezogen werden. Bei den Vätern finden sich großartige Texte, die diese Synthese ausdrücken. Hieronymus zum Beispiel sagt in einer Weihnachtspredigt: »Selbst die Kreatur gibt unserer Predigt recht, der Kosmos ist Zeuge für die Wahrheit unseres Wortes. Bis zu diesem Tag wachsen die finsteren Tage, von diesem Tag an nimmt die Finsternis ab ... Es wächst das Licht, es weicht die Nacht.« Augustinus predigt an Weihnachten seinen Gläubigen in Hippo: »Freuen auch wir uns, Brüder. Es mögen die Heiden noch so jubeln: Denn diesen Tag konsekriert uns nicht die sichtbare Sonne, sondern ihr unsichtbarer Schöpfer.« Immer wieder greifen die Väter das vorhin zitierte Sonnenwort von Psalm 18 (19) auf, das für die alte Kirche zum eigentlichen Weihnachtspsalm geworden ist: »Sie [die Sonne, das heißt Christus] ist wie ein Bräutigam, der aus seinem Gemach hervortritt.« Das Mariengeheimnis wurde mitgehört in diesem Psalm, der als Prophezeiung Christi gedeutet wurde. Zwischen die beiden Daten 25. März und 25. Dezember schiebt sich dann das Fest des Vorläufers Johannes am 24. Juni ein, am Tag der Sommersonnenwende. Der Zusammenhang der Datierungen erscheint nun als liturgischer und kosmischer Ausdruck des Täuferwortes: »Er [Christus] muß wachsen, ich muß abnehmen.« Das Geburtsfest des Johannes liegt auf dem Datum, da der Tag abzunehmen beginnt, wie das Geburtsfest Christi Anfang des neuen Aufganges ist. Das Gewebe dieses Festes ist rein christlich, ohne direktes Vorbild im Alten Testament, aber es steht doch in einer Kontinuität mit der Synthese von Kosmos und Geschichte, von Erinnerung und Hoffnung, die schon für die alttestamentlichen Feste charakteristisch war und es auf neue Weise für den christlichen Festkalender wurde. Die innere Verwobenheit von Inkarnation und Auferstehung kommt gerade in deren je eigener und doch gemeinsamer Beziehung auf den Sonnenrhythmus und auf seinen Symbolismus zu Gesicht.

Nur kurz möchte ich noch das Fest Epiphanie – 6. Januar – erwähnen, das in enger Verbindung mit Weihnachten steht. Lassen wir hier alle historischen Details und auch die vielen herrlichen Vätertexte beiseite, die es dazu gibt. Versuchen wir, das Fest schlicht aus der Gestalt heraus zu verstehen, die es bei uns im Westen gefunden hat. Es interpretiert die Menschwerdung des Logos von der antiken Kategorie der »Epiphanie«, das heißt der Selbstoffenbarung Gottes her, der sich der Kreatur zeigt, und bindet von diesem Gesichtspunkt her verschiedene Epiphanien zusammen: die Anbetung der Weisen als Beginn der Kirche aus den Heiden, der Völkerprozession zum Gott Israels gemäß Jes 60; die Taufe Jesu im Jordan, in der die Stimme von oben Jesus öffentlich als Gottessohn proklamiert; die Hochzeit zu Kana, in der er seine Herrlichkeit offenbart. Die Erzählung von der Anbetung der Weisen wurde dem christlichen Denken wichtig, weil sie den inneren Zusammenhang zwischen der Weisheit der Völker und dem Verheißungswort der Schrift zeigt; weil sie zeigt, wie die Sprache des Kosmos und das wahrheitsuchende Denken des Menschen auf Christus hinführen. Der geheimnisvolle Stern konnte zum Symbol für diese Zusammenhänge werden und noch einmal unterstreichen, daß die Sprache des Kosmos und die Sprache des menschlichen Herzens beide abkünftig sind von dem »Wort« des Vaters, das in Betlehem aus dem Schweigen Gottes herausgetreten ist und die Fragmente unseres menschlichen Erkennens zum Ganzen zusammenfügt.

Die großen Feste, die das Jahr des Glaubens strukturieren, sind Christusfeste und gerade so dem einen Gott zugeordnet, der sich Mose am brennenden Dornbusch offenbart und der Israel zum Träger des Bekenntnisses an seine Einzigkeit erwählt hatte. Wenn neben der Sonne als dem Bild Christi der Mond steht, der nicht eigenes Licht, sondern nur von der Sonne abkünftige Helligkeit hat, so ist damit aber auch schon angedeutet, daß wir Menschen immer wieder auch die »kleine« Leuchte brauchen, deren geborgtes Licht uns erst hilft, das schöpferische Licht, den einen und dreifaltigen Gott, zu erkennen und zu lieben. Deshalb gehören die Heiligenfeste von frühester Zeit an zur Gestalt des christlichen Jahres. Wir sind vorhin schon auf Maria gestoßen, deren Gestalt so eng mit dem Geheimnis Christi verflochten ist, daß die Ausbildung des Weihnachtszyklus notwendig eine marianische Note in das Kirchenjahr eintrug: Die marianische Dimension der christologischen Feste wurde sichtbar. Daneben treten dann das Gedächtnis der Apostel, der Märtyrer und schließlich das Gedenken der Heiligen aller Jahrhunderte. Man könnte wohl auch sagen, daß die Heiligen sozusagen die neuen christlichen Sternbilder sind, in denen sich der Reichtum der Güte Gottes spiegelt. Ihr von Gott kommendes Licht läßt uns den inneren Reichtum von Gottes großem Licht besser erkennen, das wir im Glanz seiner reinen Herrlichkeit allein nicht erfassen könnten.

DRITTER TEIL

KUNST UND LITURGIE

1. KAPITEL

Die Bilderfrage

Im ersten Gebot des Dekalogs, das die Einzigkeit Gottes herausstellt, dem allein Anbetung gebührt, lesen wir die Weisung: »Du sollst dir kein Schnitzbild machen noch irgendein Abbild von dem, was droben im Himmel oder auf der Erde unten oder im Wasser unter der Erde ist« (Ex 20,4; vgl. Dtn 5,8). Es gibt allerdings eine bemerkenswerte Ausnahme von diesem Bilderverbot im Inneren des Alten Testaments selbst, und sie betrifft dessen heiligsten Ort, die goldene Deckplatte der Bundeslade, die als Sühneort galt. »Dort will ich mich dir offenbaren«, sagt Gott zu Mose (Ex 25,22). »Alles will ich dir sagen, was ich dir für die Israeliten auftragen werde.« Bezüglich der Gestaltung der Platte erhält Mose den folgenden Auftrag: »Stelle zwei Goldcherubim her; in getriebener Arbeit sollst du sie an den beiden Enden der Deckplatte anbringen ... Die Cherube sollen ihre Flügel nach oben hin ausbreiten ... Ihre Antlitze seien gegeneinander gekehrt; zur Deckplatte hin sollen die Gesichter der Cherube gerichtet sein« (Ex 25,18–20). Die geheimnisvollen Wesen, die den Ort der Gottesoffenbarung decken und schützen, dürfen dargestellt werden, gerade um das Geheimnis der Gegenwart Gottes selbst zu verbergen. Wie wir schon gehört haben, hat Paulus den gekreuzigten Christus selbst als den lebendigen und wahren »Sühneort« verstanden, auf den die seit dem Exil verlorene Kapporeth – die »Deckplatte« – nur hatte vorausweisen können. In ihm hatte Gott nun sozusagen sein Gesicht freigegeben. Die ostkirchliche Ikone der Auferstehung Christi knüpft an diesen inneren Zusammenhang zwischen der Bundeslade und dem Pascha Christi an, wenn sie Christus auf einer gekreuzten Platte stehend zeigt, die sowohl das Grab bedeutet, wie sie den Verweis auf die Kapporeth des Alten Bundes in sich trägt. Christus ist flankiert von den Cheruben, und auf ihn zu gehen die Frauen, die zum Grab gekommen waren, um ihn zu salben. Das Grundbild des Alten Testaments bleibt erhalten, aber es ist von der Auferstehung her neu gestaltet und hat eine neue Mitte erhalten: den Gott, der sich nun nicht mehr gänzlich verbirgt, sondern in der Gestalt des Sohnes sich zeigt. Mit dieser Umwandlung des Berichts von der Bundeslade in ein Auferstehungsbild ist eigentlich das Wesentliche der Entwicklung vom Alten zum Neuen Bund bereits angesagt. Aber um das Ganze recht zu verstehen, müssen wir doch den großen Linien der Entwicklung etwas näher nachgehen.

Während das Bilderverbot im Islam und im Judentum etwa seit dem 3. oder 4. Jahrhundert nach Christus radikal ausgelegt wurde, so daß nur nichtfigürliche, geometrische Darstellungen als Ornament des Heiligtums zugelassen werden, hatte das Judentum der Zeit Jesu und bis ins 3. Jahrhundert hinein eine sehr viel großzügigere Auslegung der Bilderfrage entwickelt. Paradoxerweise gibt es in den Bildern des Heils genau dieselbe Kontinuität zwischen Synagoge und Kirche, die wir bereits beim Bedenken des liturgischen Raums vorgefunden hatten. Als Frucht der archäologischen Forschungen können wir heute sehen, daß die alten Synagogen reich mit der Darstellung biblischer Szenen ausgeschmückt waren. Sie galten keineswegs bloß als Bilder vergangener Ereignisse, als eine Art von bildhaftem Geschichtsunterricht etwa, sondern als ein Erzählen (Haggada), das erinnernd Gegenwart schafft: In den liturgischen Festen sind die vergangenen Taten Gottes Gegenwart. Die Feste sind Teilhabe an Gottes Handeln in der Zeit, und die Bilder sind als Gestalt gewordenes Gedächtnis selbst an der liturgischen Vergegenwärtigung beteiligt. Die christlichen Bilder, wie wir sie in den Katakomben finden, greifen weithin einfach den von der Synagoge geschaffenen Bilderkanon auf, geben ihm aber eine neue Art von Gegenwart. Die einzelnen Ereignisse werden nun den christlichen Sakramenten und Christus selbst zugeordnet. Die Arche Noach wie der Durchzug durch das Rote Meer werden zu Hinweisen auf die Taufe; die Opferung Isaaks und das Mahl der drei Engel mit Abraham sprechen vom Opfer Christi und von der Eucharistie. Ereignisse der Rettung wie die der Jünglinge im Feuerofen und Daniels in der Löwengrube lassen die Auferstehung Christi und unsere eigene Auferstehung durchscheinen. Noch mehr als in der Synagoge gilt, daß die Bilder nicht von Vergangenem erzählen, sondern die Ereignisse der Geschichte ins Sakrament hineinnehmen. Mit der vergangenen Geschichte ist Christus in seinen Sakramenten unterwegs durch die Zeiten. Wir sind in die Ereignisse hineingenommen. Die Ereignisse ihrerseits übersteigen die vergehende Zeit und sind im sakramentalen Handeln der Kirche Gegenwart mitten unter uns. Die christologische Konzentration der ganzen Geschichte ist zugleich liturgische Vermittlung dieser Geschichte und Ausdruck einer neuen Erfahrung der Zeit, in der Vergangenheit, Gegenwart und Zukunft sich berühren, weil sie hineingehalten sind in die Gegenwart des Auferstandenen. Die liturgische Gegenwart trägt – wir sahen es schon und finden es erneut bestätigt – immer zugleich die eschatologische Hoffnung in sich. Wie diese ganzen Bilder in einem gewissen Sinn durchweg Auferstehungsbilder sind, von der Auferstehung her gelesene Geschichte, so sind sie eben deshalb auch Hoffnungsbilder, die uns die Gewißheit der kommenden Welt, der endgültigen Ankunft Christi vermitteln. So armselig die Bilder in den Anfängen häufig hinsichtlich ihrer künstlerischen Qualität sein mögen – in ihnen hat sich doch ein außerordentlicher geistiger Prozeß vollzogen, der freilich in tiefer innerer Einheit mit dem Ansatz der synagogalen Bildwerke steht. Die Geschichte wird von der Auferstehung her neu beleuchtet und so als ein Weg der Hoffnung verstanden, in den die Bilder uns hineinziehen. In diesem Sinn haben die Bildwerke der frühen Kirche durchaus Mysteriencharakter, sakramentale Bedeutung, und reichen über das didaktische Element der Mitteilung biblischer Geschichten weit hinaus.

Keines der frühen Bilder versucht, so etwas wie ein Porträt Christi zu geben. Christus wird vielmehr in seiner Bedeutung, in »allegorischen« Bildern gezeigt: als der wahre Philosoph, der uns die Kunst des Lebens und des Sterbens mitteilt; als der Lehrer; vor allem aber erscheint er unter der Gestalt des Hirten. Dieses der Heiligen Schrift selbst entnommene Bild ist deswegen der frühen Christenheit so teuer geworden, weil der Hirte zugleich als Allegorie des Logos galt: Der Logos, durch den alles geschaffen wurde, der sozusagen die Urbilder alles Seienden in sich trägt, ist der Hüter der Schöpfung. In der Menschwerdung nimmt er das verlorene Schaf, die menschliche Natur, die Menschheit als Ganze auf seine Schultern und trägt sie heim. Das Hirtenbild faßt so die ganze Heilsgeschichte zusammen: das Eintreten Gottes in die Geschichte, die Menschwerdung, das Nachgehen hinter dem verlorenen Schaf und den Weg der Heimführung in die Kirche aus Juden und Heiden. Eine Wende von weittragender Bedeutung trat in der Geschichte der Bilder des Glaubens in dem Augenblick ein, als zum ersten Mal ein sogenanntes Acheiropoietos auftauchte – ein Bild, das als nicht von Menschenhand gemacht galt und das Antlitz Christi selbst darstellte. Zwei solcher »nicht von Menschenhand gemachten« Bilder erscheinen ungefähr gleichzeitig Mitte des 6. Jahrhunderts im Orient: das sogenannte Kamulianium – der Abdruck des Bildes Christi am Gewand einer Frau – und das später so genannte Mandylion, das anscheinend aus Edessa in Syrien nach Konstantinopel gebracht wurde und das heute manche Forscher gern mit dem Turiner Grabtuch identifizieren möchten. Im einen wie im anderen Fall muß es sich – ähnlich wie beim Grabtuch von Turin – um ein geheimnisvolles Bild gehandelt haben, ein Bild, das nicht menschliche Malerei sein konnte, sondern auf unerklärliche Weise dem Stoff eingeprägt schien und so das wahre Antlitz Christi, des Gekreuzigten und Auferstandenen, zu zeigen versprach. Von dem Erscheinen dieses Bildes muß eine ungeheure Faszination ausgegangen sein. Nun konnte man das bisher verborgene wahre Antlitz des Herrn sehen und so auch die Verheißung erfüllt wissen: »Wer mich sieht, sieht den Vater« (Joh 14,9). Der Blick auf den Gottmenschen und durch ihn hindurch auf Gott selber schien eröffnet, die griechische Sehnsucht nach dem Schauen des Ewigen schien erfüllt. Die Ikone mußte so förmlich die Stufe eines Sakraments einnehmen: Sie gestattete eine Kommunion, die nicht geringer war als die Eucharistie. Man dachte geradezu an eine Art Realpräsenz des Abgebildeten im Bild, und Bild im vollen Sinn wie dieses nicht von Menschen geschaffene ist Teilhabe an der Wirklichkeit selbst, Ausstrahlung und so Gegenwart dessen, der im Bild sich schenkt. Es ist leicht zu verstehen, daß die dem Acheiropoietos nachgestalteten Bilder zur Mitte des ganzen Bildkanons wurden, der sich inzwischen entwickelt hatte und in weiterer Entfaltung begriffen war.

Es ist aber auch klar, daß hier eine Gefahr lauerte: eine falsche Sakramentalisierung des Bildes, das über das Sakrament und seine Verborgenheit hinauszuführen schien in die Unmittelbarkeit schaubarer göttlicher Gegenwart. Und so ist des weiteren klar, daß das hier aufgebrochene Neue auch zu heftigen Gegenbewegungen führen mußte, zu jener radikalen Absage an das Bild, die wir »Ikonoklasmus« – Bildersturm, Zerbrechen der Bilder – nennen. Der Ikonoklasmus bezog seine Leidenschaft zum einen aus wirklich religiösen Motiven, aus den unleugbaren Gefährdungen einer Art Anbetung des Bildes, zugleich aber auch aus einer politischen Konstellation. Für die byzantinischen Kaiser war es wichtig, Moslems und Juden nicht unnötig herauszufordern. Die Unterdrückung der Bilder konnte der Einheit des Reichs und der Beziehung zu den moslemischen Nachbarn förderlich sein. Christus dürfe nicht abgebildet werden, so war die These. Nur das Zeichen des (bildlosen) Kreuzes könne sozusagen sein Siegel sein. Kreuz oder Bild wurde die Alternative. In diesem Ringen ist dann die wahre Ikonentheologie gereift, deren Botschaft uns gerade heute in der Krise des Bildes auch im Westen zutiefst angeht.

Die Christusikone – das wurde nun mit allen Konsequenzen bewußt – ist Ikone des Auferstandenen. Es gibt kein Porträt des Auferstandenen: Die Jünger erkennen ihn zuerst immer nicht. Sie müssen zu einem neuen Sehen geführt werden, bei dem ihnen allmählich von innen her die Augen aufgehen, so daß sie ihn von neuem erkennen und ausrufen: »Es ist der Herr!« Am bezeichnendsten ist wohl die Geschichte der Emmausjünger, denen zuerst das Herz umgestaltet wird, so daß sie nun durch die äußeren Ereignisse der Schrift hindurch deren innere Mitte erkennen, von der alles kommt und auf die alles hindrängt: Kreuz und Auferstehung Jesu Christi. Dann müssen sie den geheimnisvollen Begleiter festhalten, ihm Gastfreundschaft gewähren, und beim Brotbrechen geschieht ihnen auf eine umgekehrte Weise das, was Adam und Eva beim Essen der Frucht des Erkenntnisbaumes widerfahren war: Die Augen gehen ihnen auf. Nun sehen sie nicht mehr bloß das Äußere, sondern sehen das, was den Sinnen nicht erscheint, aber durch die Sinne durch-scheint: Es ist der Herr, der auf neue Weise Lebende. In der Ikone zählen gerade nicht diese Gesichtszüge (obwohl man sich im wesentlichen an die Gestalt des Acheiropoietos hält), in ihr geht es um ein neues Sehen. Sie muß selbst aus einer Eröffnung der inneren Sinne kommen, aus einem Sehendwerden, das die Oberfläche des Empirischen überschreitet und Christus, wie die spätere Ikonentheologie sagt, im Taborlicht erblickt. Sie führt so ihrerseits den Betrachtenden dahin, daß er durch die innere Schau, die in der Ikone Gestalt gewonnen hat, im Sinnlichen über das Sinnliche hinausschaut, das doch in die Sinne eingegangen ist. Die Ikone setzt, wie Evdokimov schön sagt, ein »Fasten des Sehens« voraus. Die Ikonographen – so sagt er – müssen das Fasten mit den Augen erlernen und sich durch einen langen Weg betender Askese vorbereiten, der den Übergang von der Kunst zur Sakralen Kunst markiert (161). Die Ikone kommt aus dem Gebet und führt ins Gebet: Sie befreit von der Verschließung der Sinne, die nur das Äußere, die materielle Oberfläche wahrnimmt und die Transparenz des Geistes, die Transparenz des Logos in der Wirklichkeit nicht bemerkt. Im Grunde ist da einfach der Überschritt des Glaubens selbst im Spiel, und das ganze Erkenntnisproblem der Neuzeit ist gegenwärtig: Wenn nicht eine innere Öffnung im Menschen geschieht, die mehr als das Meßbare und Wägbare schaut, die den Glanz des Göttlichen in der Schöpfung wahrnimmt, dann bleibt Gott aus unserem Gesichtsfeld ausgeschlossen. Die recht verstandene Ikone führt von der falschen Frage nach einem sinnlich erfaßbaren Porträt weg und läßt uns gerade so das Antlitz Christi und in ihm das des Vaters erkennen. So ist in der Ikone die gleiche geistige Richtung am Werk, die wir bereits beim Betonen der Ostrichtung der Liturgie kennengelernt haben: Sie will uns in einen inneren Weg hineinziehen, in den Weg dem »Osten«, dem wiederkommenden Christus entgegen. Ihre Dynamik ist mit der Dynamik der Liturgie im ganzen identisch. Ihre Christologie ist trinitarisch: Es ist der Heilige Geist, der uns sehend macht, dessen Wirken immer eine Bewegung auf Christus zu auslöst. »Trunken vom Geist trinken wir Christus«, sagt der heilige Athanasius (Evdokimov 176). Jenes Schauen, das uns Christus nicht »dem Fleische nach«, sondern dem Geiste nach zu sehen lehrt (2 Kor 5,16), schenkt uns zugleich den Blick auf den Vater selbst.

Erst wenn man diese innere Richtung der Ikone begriffen hat, kann man auch recht verstehen, warum das zweite Konzil von Nizäa und alle folgenden auf die Ikonen bezogenen Synoden in der Ikone ein Bekenntnis zur Inkarnation sehen und den Ikonoklasmus als Leugnung der Inkarnation, als Summe aller Häresien betrachten. Inkarnation bedeutet zunächst, daß Gott, der Unsichtbare, in den Raum des Sichtbaren eintritt, damit wir, die wir ans Materielle gebunden sind, ihn erkennen können. Insofern ist Inkarnation im geschichtlichen Heilshandeln und im geschichtlichen Sprechen Gottes schon immer unterwegs. Aber dieses Absteigen Gottes ist dazu da, uns in einen Prozeß des Aufstiegs hineinzuziehen: Die Inkarnation zielt auf die Umwandlung durch das Kreuz und auf die neue Leiblichkeit der Auferstehung hin. Gott sucht uns, wo wir sind, aber nicht, damit wir dort bleiben, sondern damit wir dorthin kommen, wo er ist, damit wir über uns selbst hinauskommen. Deswegen verfehlt eine Reduzierung der Gestalt Christi auf einen der Vergangenheit angehörenden »historischen Jesus« den Sinn seiner Gestalt, verfehlt das, worum es in der Inkarnation geht. Die Sinne sollen nicht abgestreift, aber sie sollen zu ihrer höchsten Möglichkeit ausgeweitet werden. Wir sehen Christus erst recht, wenn wir mit Thomas sagen: Mein Herr und mein Gott.

Wie wir vorhin die trinitarische Weite der Ikone festgestellt haben, so müssen wir jetzt ihre seinsmäßige Erstreckung erfassen: Der Sohn Gottes konnte sich im Menschen inkarnieren, weil der Mensch schon auf ihn hin vor-entworfen war, als das Bild dessen, der seinerseits Gottes Bild ist. Das Licht des ersten Tages und das Licht des achten Tages berühren sich in der Ikone, wie wiederum Evdokimov treffend sagt. In der Schöpfung selbst ist schon jenes Licht da, das dann am achten Tag in der Auferstehung des Herrn und in der neuen Welt zu seiner vollen Helligkeit kommt, uns den Glanz Gottes sehen läßt. Inkarnation ist nur recht verstanden, wenn sie in der weiten Spannung von Schöpfung, Geschichte und neuer Welt gesehen wird. Gerade dann wird deutlich, daß die Sinne zum Glauben gehören, daß das neue Sehen sie nicht aufhebt, sondern zu ihrer ursprünglichen Bestimmung führt. Der Ikonoklasmus stützt sich letztlich auf eine einseitig apophatische Theologie, die nur das Ganz-Anders Gottes kennt, der jenseits aller Vorstellungen und Worte ist, so daß schließlich auch Offenbarung nur als menschlich-unzulängliche Spiegelung des immer Unvernehmbaren angesehen wird. Dann fällt der Glaube in sich zusammen. Unsere heutige Form von Sinnlichkeit, die die Transparenz des Geistes in den Sinnen nicht mehr erfassen kann, bringt fast notwendig die Flucht in die rein »negative« (apophatische) Theologie mit sich: Gott ist jenseits allen Denkens, und daher sind letztlich alle Äußerungen über ihn und alle Formen von Gottesbildern gleich gültig und gleich ungültig. Diese scheinbar höchste Demut Gott gegenüber wird von selbst zum Hochmut, der Gott kein Wort mehr läßt und der ihm nicht gestattet, real in die Geschichte hereinzutreten. Man verabsolutiert einerseits die Materie und erklärt sie zugleich als gänzlich undurchlässig für Gott, als bloße Materie, und nimmt ihr so ihre Würde. Aber es gibt – wie Evdokimov sagt – auch ein apophatisches Ja, nicht nur ein apophatisches Nein, das alle Ähnlichkeit leugnet. Mit Gregor von Palamas unterstreicht er, daß Gott radikal transzendent ist in seiner Wesenheit, aber sich in seiner Existenz als Lebender darstellen wollte und konnte. Gott ist der ganz Andere, aber er ist doch mächtig genug, um sich zeigen zu können. Und er hat sein Geschöpf so geschaffen, daß es fähig ist, ihn zu »sehen« und zu lieben.

Mit diesen Überlegungen berühren wir immer schon unsere Gegenwart und berühren damit auch die Entwicklung von Liturgie, Kunst und Glaube in der westlichen Welt. Ist diese Theologie der Ikone, die im Osten entwickelt wurde, wahr und dann auch für uns gültig, oder ist sie nur eine östliche Variante des Christentums? Gehen wir wieder von den geschichtlichen Tatsachen aus. In der altchristlichen Kunst und bis zum Ende der romanischen Kunst, also bis an die Schwelle des 13. Jahrhunderts, gibt es keinen *wesentlichen* Unterschied zwischen Ost und West, was die Frage des Bildes angeht. Allerdings hat der Westen – denken wir an Augustinus oder Gregor den Großen – mit einer gewissen Ausschließlichkeit die didaktisch-pädagogische Funktion des Bildes unterstrichen. Die sogenannten Libri Carolini sowie die Synoden von Frankfurt (794) und Paris (824) wenden sich gegen das schlecht verstandene siebte ökumenische Konzil, das zweite von Nizäa, das die Überwindung des Ikonoklasmus und die inkarnatorische Begründung der Ikone kanonisiert; sie bestehen demgegenüber auf der bloß belehrenden und erzieherischen Funktion der Bilder: »Christus hat uns nicht durch Malerei erlöst«, sagen sie (Evdokimov 144).

Aber die Thematik und die Grundrichtung der Bildkunst blieb dieselbe, obwohl nun in der Romanik die Plastische Kunst hervortritt, die im Osten keinen Eingang gefunden hat. Immer ist es – auch am Kreuz – der auferstandene Christus, auf den die Gemeinde als den wahren Oriens hinblickt. Und immer ist die Kunst durch die Einheit von Schöpfung, Christologie und Eschatologie gekennzeichnet: vom ersten Tag unterwegs hin zum achten, der den ersten in sich aufnimmt. Die Kunst bleibt eingeordnet ins Mysterium, das in der Liturgie Gegenwart wird. Sie bleibt ausgerichtet auf die himmlische Liturgie: Die

Engelsgestalten der romanischen Kunst sind nicht wesentlich von denjenigen der byzantinischen Malerei unterschieden, und gerade sie zeigen, daß wir mit Cherubim und Seraphim, mit allen himmlischen Mächten am Lob des Lammes teilnehmen – daß in der Liturgie der Vorhang zwischen Himmel und Erde aufreißt, so daß wir mit hineingenommen sind in eine Liturgie, die den ganzen Kosmos umspannt.

Mit dem Aufbruch der Gotik vollzieht sich langsam eine Wendung. Vieles bleibt konstant, besonders auch die tragende innere Entsprechung zwischen Altem und Neuem Testament, die ihrerseits immer ein Verweis auf das noch Ausstehende ist. Aber das zentrale Bild wird anders. Nicht mehr der Pantokrator wird dargestellt – der Weltherrscher, der uns in den achten Tag hineinführt. Er wird abgelöst durch das Bild des Gekreuzigten in seinem schmerzvollen Leiden und Sterben. Der geschichtliche Vorgang der Passion wird erzählt, nicht die Auferstehung sichtbar gemacht. Das Historisch-Erzählerische tritt in den Vordergrund: Man hat gesagt, das Mysterienbild werde durch das Andachtsbild abgelöst. Viele Faktoren mögen an diesem Blickwechsel beteiligt gewesen sein. Evdokimov meint, die im 13. Jahrhundert im Westen geschehene Wende vom Platonismus zum Aristotelismus habe eine Rolle gespielt. Der Platonismus sieht die sinnlichen Dinge als Abschattungen ewiger Urbilder an, in ihnen können und sollen wir die Urbilder erkennen und uns durch sie zu ihnen erheben. Der Aristotelismus lehnt die Ideenlehre ab. Das Ding, zusammengesetzt aus Materie und Form, steht in sich selber; durch Abstraktion erkenne ich die Gattung, der es zugehört. An die Stelle des Sehens, dem das Übersinnliche im Sinnlichen sichtbar wird, tritt die Abstraktion. Das Verhältnis des Geistigen und des Materiellen ist verändert und damit die Haltung des Menschen der ihm erscheinenden Wirklichkeit gegenüber. Für Platon war die Kategorie des Schönen bestimmend gewesen: Das Schöne und das Gute, letztlich Gott, fallen für ihn zusammen. Durch das Erscheinen des Schönen werden wir zuinnerst verwundet, und diese Wunde reißt uns hinaus über uns selbst, bringt den Flug der Sehnsucht in Gang und treibt uns so dem wahrhaft Schönen, dem Guten selbst entgegen. In der Ikonentheologie ist etwas von einer platonischen Grundlage lebendig geblieben, auch wenn die platonische Idee des Schönen und des Schauens nun durch den Gedanken des Taborlichtes umgestaltet wird; auch durch den Zusammenhang von Schöpfung, Christologie und Eschatologie ist Platons Konzeption zutiefst umgestaltet und dem Materiellen als solchem eine neue Würde und ein neuer Wert gegeben. Dieser von der Inkarnation her umgeformte Platonismus verschwindet seit dem 13. Jahrhundert im Westen weithin, so daß die Bildende Kunst zunächst und vor allem geschehene Ereignisse darzustellen sucht, Heilsgeschichte weniger als Sakrament denn als in der Zeit abgelaufene Historie gesehen wird. So verändert sich auch das Verhältnis zur Liturgie: Sie wird gleichsam als symbolische Nachbildung des Kreuzesgeschehens verstanden. Die Frömmigkeit antwortet darauf, indem sie sich vor allem der Betrachtung der Geheimnisse des Lebens Jesu zuwendet. Die Kunst findet ihre Inspiration weniger in der Liturgie als in der Volksfrömmigkeit, und die Volksfrömmigkeit wieder nährt sich von den Bildern der Geschichte, in denen sie den Weg zu Christus hin, den Weg Jesu selbst und sein Weitergehen im Rahmen der Heiligen anschauen kann. Die Trennung, die sich zwischen Ost und West im Bereich der Bilder spätestens seit dem 13. Jahrhundert vollzogen hat, reicht zweifellos sehr tief: Ganz unterschiedliche Motive spiritueller Wege tun sich auf. Eine mehr historisierende Kreuzesfrömmigkeit löst die Ausrichtung auf den Oriens, den uns vorausgehenden Auferstandenen, ab.

Trotzdem sollte man die Differenz nicht überbewerten, die sich so herausgebildet hat. Die Darstellung des am Kreuz unter Schmerzen sterbenden Christus ist neu, gewiß, aber sie stellt doch den dar, der *unsere* Schmerzen getragen hat und den, durch dessen Striemen *wir* geheilt sind. Sie stellt im äußersten Schmerz doch die erlösende Liebe Gottes dar. Wenn die Kreuzigung in Grünewalds Isenheimer Altarbild den Realismus des Leidens bis zum Äußersten radikalisiert, so bleibt doch, daß dies ein Trostbild war, das den von den Antonitern gepflegten Pestkranken gestattete, die Identifizierung Gottes mit ihrem Schicksal zu erkennen; zu sehen, daß er in ihr Leiden hinabgestiegen und daß ihr Leiden in seinem geborgen ist. Die entschiedene Zuwendung zum Menschlichen, zum Geschichtlichen in Christus lebt doch von der Zugehörigkeit dieser seiner menschlichen Not zum Mysterium. Die Bilder trösten, weil sie die Überwindung unserer Qualen im Mitleiden des menschgewordenen Gottes sichtbar machen und so doch die Botschaft der Auferstehung in sich tragen. Auch diese Bilder kommen aus dem Beten, kommen aus der inneren Meditation von Christi Weg; sie sind Identifizierungen mit Christus, die wiederum darauf beruhen, daß in ihm Gott sich mit uns identifiziert hat. Sie öffnen den Realismus des Mysteriums, aber sie fallen nicht aus ihm heraus. Und was Messe als Gegenwart des Kreuzes heißt – kann man es nicht von ihnen her mit einer neuen Eindringlichkeit verstehen? Das Mysterium wird in seine äußerste Konkretheit auseinandergefaltet, und die Volksfrömmigkeit kann so gerade auch zum Kern der Liturgie auf neue Weise hinführen. Auch diese Bilder zeigen nicht bloß die »Epidermis«, die äußere sinnliche Welt; auch sie wollen durch das bloß Erscheinende hindurchführen und uns den Blick auf das Herz Gottes hin freigeben.

Was hier vom Kreuzbild her angedeutet wurde, gilt auch für die ganze übrige »narrative« Kunst der Gotik. Welche Kraft der Verinnerlichung liegt in den Bildern der Muttergottes! Die neue Menschlichkeit des Glaubens tritt in ihnen in Erscheinung. Solche Bilder laden zum Beten ein, weil sie von innen her durchbetet sind. Sie zeigen uns das wahre Bild des Menschen, wie er vom Schöpfer gedacht und durch Christus erneuert ist. Sie führen ins rechte Menschsein hinein. Und vergessen wir schließlich nicht die herrliche Kunst der gotischen Glasmalerei! Die Fenster der gotischen Kathedralen halten das grelle Licht von außen ab, bündeln es und lassen in ihm die ganze Geschichte Gottes mit den Menschen von der Schöpfung bis zur Wiederkunft durchscheinen. Die Wand selbst wird im Zusammenspiel mit der

Sonne zum Bild, zur Ikonostase des Westens, die dem Raum eine Sakralität verleiht, die selbst den Agnostiker ans Herz rührt.

Die Renaissance hat freilich einen ganz neuen Schritt getan. Sie »emanzipiert« den Menschen. Nun entsteht das Ästhetische im modernen Sinn – die Schau der Schönheit, die nicht mehr über sich hinausweisen will, sondern als Schönheit des Erscheinenden sich letztlich selbst genügt. Der Mensch erfährt sich in seiner ganzen Größe, in seiner Autonomie. Die Kunst spricht von dieser Größe des Menschen, ist geradezu überrascht von ihr; sie braucht keine andere Schönheit mehr zu suchen. Zwischen den Darstellungen heidnischer Mythen und christlicher Geschichte ist oft kaum ein Unterschied zu erkennen. Die tragische Last der Antike ist vergessen, nur ihre göttliche Schönheit wird noch gesehen, und es entsteht Heimweh nach den Göttern, nach dem Mythos, nach einer Welt ohne Angst vor der Sünde und ohne den Schmerz des Kreuzes, der vielleicht zu übermächtig in den Bildern des späten Mittelalters gestanden hatte. Nun werden zwar noch christliche Inhalte dargestellt, aber solche »religiöse Kunst« ist keine Sakrale Kunst im eigentlichen Sinn. Sie fügt sich nicht in die Demut des Sakraments und seine die Zeit überschreitende Dynamik hinein. Sie will das Heute genießen und durch die Schönheit selbst erlösen. Vielleicht ist der Ikonoklasmus der Reformation auch auf diesem Hintergrund zu verstehen, obwohl er zweifellos weiterreichende Wurzeln hat.

Die Barock-Kunst, die der Renaissance folgt, weist vielfältige Aspekte und Weisen der Verwirklichung auf. In ihrer besten Gestalt beruht sie auf der kirchlichen Reform, die mit dem Konzil von Trient in Gang gekommen war, das freilich wieder nur – westlicher Tradition folgend – den didaktisch-pädagogischen Charakter der Kunst herausstellte, aber als Aufbruch zu einer Erneuerung von innen her auch wieder zu neuem Sehen von innen und nach innen führte. Das Altarbild ist wie ein Fenster, durch das die Welt Gottes zu uns hereintritt; der Vorhang der Zeitlichkeit wird aufgezogen, und wir dürfen einen Blick in das Innere der Welt Gottes tun. Diese Kunst will uns wieder in die himmlische Liturgie mit hineinbeziehen, und immer wieder empfinden wir eine barocke Kirche wie ein einziges Fortissimo der Freude, wie ein Halleluja, das zu Bild geworden ist: Die Freude am Herrn ist unsere Stärke – dieses alttestamentliche Wort (2 Esra 8,10) drückt das Grundgefühl aus, aus dem solche Ikonographie lebt. Die Aufklärung hat dann den Glauben in eine Art von intellektuellem und auch gesellschaftlichem Ghetto abgedrängt; die aktuelle Kultur wandte sich von ihm weg und ging einen anderen Weg, so daß der Glaube sich entweder in den Historismus, die Nachahmung des Vergangenen, flüchtete oder sich in Anpassungen versuchte oder sich in Resignation und kultureller Abstinenz verlor, was dann auch zu neuem Ikonoklasmus geführt hat, der vielfach geradezu als Auftrag des II. Vatikanischen Konzils angesehen wurde. Der Bildersturm, dessen erste Anzeichen in Deutschland allerdings in die 1920er Jahre zurückreichen, hat manches Kitschige und Unwürdige beiseitegeschafft, aber zuletzt auch eine Leere hinterlassen, deren Armseligkeit wir inzwischen wieder recht deutlich empfinden.

Wie soll es weitergehen? Wir erleben heute nicht nur eine Krise der Sakralen Kunst, sondern eine Krise der Kunst überhaupt in früher so nicht gekanntem Ausmaß. Die Krise der Kunst wiederum ist Symptom für die Krise des Menschseins, das gerade in der äußersten Steigerung der materiellen Weltbeherrschung in eine Erblindung gegenüber den das Materielle überschreitenden Orientierungsfragen des Menschen geraten ist, die man schon geradezu als Erblindung des Geistes bezeichnen kann. Auf die Frage, wie wir leben sollen, wie wir das Sterben bewältigen können, ob unser Dasein ein Wozu hat und welches, auf all diese Fragen gibt es keine gemeinsamen Antworten mehr. Der Positivismus, im Namen der wissenschaftlichen Ernsthaftigkeit formuliert, verengt den Horizont auf das Belegbare, auf das im Experiment Nachzuweisende; er macht die Welt undurchsichtig. Sie enthält zwar noch Mathematik, aber der Logos, der die Voraussetzung dieser Mathematik und ihrer Anwendbarkeit ist, erscheint nicht mehr. So überschreitet unsere Bilderwelt das sinnlich Erscheinende nicht mehr, und die Flut der Bilder, die uns umgeben, bedeutet zugleich das Ende des Bildes: Über das Fotografierbare hinaus ist nichts mehr zu sehen. Dann aber wird nicht nur die Ikonenkunst, die Sakrale Kunst, unmöglich, die auf einem weiterreichenden Sehen beruht; die Kunst selbst, die zuerst noch einmal im Impressionismus und Expressionismus die äußersten Möglichkeiten sinnlichen Sehens durchprobiert hatte, wird gegenstandslos im wörtlichen Sinn. Kunst wird Experimentieren mit selbstgeschaffenen Welten, leere »Kreativität«, die den Creator Spiritus – den Schöpfergeist – nicht mehr wahrnimmt. Sie versucht, seine Stelle einzunehmen, und kann dabei doch nur das Willkürliche und das Leere produzieren, dem Menschen die Absurdität seines Schöpfertums zu Bewußtsein bringen.

Noch einmal: Wie soll es weitergehen? Versuchen wir, das Bisherige zusammenfassend, die Grundprinzipien einer dem Gottesdienst zugeordneten Kunst zu erkennen:

1. Die völlige Bildlosigkeit ist mit dem Glauben an die Menschwerdung Gottes nicht vereinbar. Gott ist in seinem geschichtlichen Handeln in unsere Sinnenwelt hereingetreten, damit sie durchsichtig werde auf ihn hin. Die Bilder des Schönen, in denen sich das Geheimnis des unsichtbaren Gottes versichtbart, gehören zum christlichen Kult. Gewiß wird es immer ein Auf und Ab der Zeiten geben, Aufsteigen und Absteigen, also auch Zeiten einer gewissen Kargheit in den Bildern. Aber ganz können sie nie fehlen. Ikonoklasmus ist keine christliche Option.

2. Die Sakrale Kunst findet ihre Inhalte in den Bildern der Heilsgeschichte, angefangen von der Schöpfung und vom ersten Tag hin zum achten – dem Tag der Auferstehung und der Wiederkunft, in dem sich die Linie der Geschichte zum Kreis vollendet. Zu ihr gehören vor allem die Bilder der biblischen Geschichte, aber auch die Geschichte der Heiligen als Ausfaltung der Geschichte Jesu Christi, als Fruchtbarwerden des gestorbenen Weizenkorns die ganze Geschichte hindurch. »Du kämpfst nicht bloß gegen die Ikonen, du kämpfst gegen die Heiligen«, hatte Johannes von Damaskus dem bilderfeindlichen

Kaiser Leo III. entgegengehalten; Papst Gregor III. hatte aus derselben Sicht heraus zu dieser Zeit in Rom das Fest Allerheiligen eingeführt (Evdokimov 141f).

3. Die Bilder der Geschichte Gottes mit den Menschen zeigen nicht bloß ein Nacheinander vergangener Ereignisse, sondern zeigen in ihnen die innere Einheit von Gottes Handeln. Sie verweisen so auf das Sakrament – Taufe und Eucharistie vor allem – und sind im Sakrament, in es hineinweisend, innerlich zusammengehalten und so zugleich Verweis auf Gegenwart; sie hängen mit dem gottesdienstlichen Geschehen inwendig zusammen. Die Geschichte aber wird Sakrament in Christus, der die Quelle der Sakramente ist. Daher ist das Christusbild Mitte der Sakralen Bildkunst. Die Mitte des Christusbildes ist das Paschageheimnis: Christus wird als Gekreuzigter, als Auferstandener, als Wiederkehrender und schon jetzt verborgen Herrschender dargestellt. Jedes Christusbild muß diese drei Wesensaspekte des Christusgeheimnisses in sich tragen, in diesem Sinn ein Osterbild sein. Dabei sind selbstverständlich unterschiedliche Akzentuierungen möglich: Das Bild kann mehr das Kreuz, die Passion und in ihr die Not unseres Heute hervortreten lassen; es kann mehr die Auferstehung oder die Wiederkunft in den Vordergrund stellen. Nur darf nie ein Aspekt völlig isoliert werden, und in unterschiedlichen Akzenten muß immer das ganze Paschageheimnis erscheinen. Ein Kreuzbild, in dem Ostern überhaupt nicht mehr durchscheinen würde, wäre ebenso verfehlt wie ein Osterbild, das die Wundmale und so auch die Gegenwart des Leidens vergißt. Als paschatisch zentriertes Bild ist das Christusbild immer auch Ikone der Eucharistie, das heißt, es verweist auf die sakramentale Gegenwart des Ostergeheimnisses.

4. Das Bild Christi und die Bilder der Heiligen sind keine Fotografien. Ihr Wesen ist es, über das bloß materiell Feststellbare hinauszuführen, die inneren Sinne zu wecken und ein neues Sehen zu lehren, das im Sichtbaren das Unsichtbare wahrnimmt. Die Sakralität des Bildes besteht gerade darin, daß es aus einem inneren Sehen kommt und so zu einem inneren Sehen hinführt. Es muß Frucht in-

nerer Kontemplation, einer gläubigen Begegnung mit der neuen Wirklichkeit des Auferstandenen sein und so wieder in das innere Schauen, in die betende Begegnung mit dem Herrn hineinführen. Das Bild dient der Liturgie; das Beten und Schauen, in dem sich die Bilder formen, muß daher Mitbeten und Mitsehen mit dem sehenden Glauben der Kirche sein: Die ekklesiale Dimension ist der Sakralen Kunst wesentlich und so auch die innere Verbindung mit der Geschichte des Glaubens, mit Schrift und Überlieferung.

5. Die Kirche des Westens braucht ihren spezifischen Weg nicht zu verleugnen, den sie etwa seit dem 13. Jahrhundert gegangen ist. Aber sie muß zu einer wirklichen Rezeption des siebten ökumenischen Konzils, des zweiten von Nizäa, kommen, das die grundsätzliche Bedeutung und den theologischen Ort des Bildes in der Kirche formuliert hat. Sie braucht sich nicht allen einzelnen Normen zu unterwerfen, die in der Bilderfrage in den folgenden Konzilien und Synoden des Ostens entwickelt und 1551 auf dem Konzil von Moskau, dem Konzil der 100 Canones, zu einem gewissen Abschluß gebracht worden sind. Aber sie sollte doch die Grundlinien dieser Theologie des Bildes in der Kirche auch für sich als normativ ansehen. Gewiß darf es keine starren Normen geben; die je neuen Frömmigkeitserfahrungen und die neu geschenkten Intuitionen müssen ihren Raum in der Kirche finden. Aber es bleibt ein Unterschied zwischen der Sakralen (liturgisch bezogenen, dem Kirchenraum zugehörigen) und der allgemein religiösen Kunst. Die reine Beliebigkeit kann es in der Sakralen Kunst nicht geben. Formen der Kunst, die den Logos in den Dingen leugnen und den Menschen auf die erscheinende Sinnlichkeit fixieren, sind mit dem Sinn des Bildes in der Kirche unvereinbar. Aus der isolierten Subjektivität kann keine Sakrale Kunst kommen. Die setzt vielmehr das von der Kirche inwendig geformte und zum Wir geöffnete Subjekt voraus. Nur so macht Kunst den gemeinsamen Glauben sichtbar und spricht wieder zum gläubigen Herzen. Die Freiheit der Kunst, die es auch im enger umschriebenen Bereich der Sakralen Kunst geben muß, ist nicht Beliebigkeit. Sie entfaltet sich

unter dem Maß, das in den ersten vier Punkten dieser Schlußüberlegungen angedeutet wurde, die ein Versuch sind, die Konstanten der gläubigen Bildtradition zusammenzufassen. Ohne Glauben gibt es keine der Liturgie gemäße Kunst. Sakrale Kunst steht unter dem Imperativ des zweiten Korintherbriefs: Auf den Herrn hinschauend werden wir »in sein eigenes Bild verwandelt, von Herrlichkeit zu Herrlichkeit, durch den Geist des Herrn« (3,18).

Was bedeutet das alles praktisch? Kunst kann nicht »produziert« werden, wie man technische Apparate in Auftrag gibt und produziert. Sie ist allemal Geschenk. Die Inspiration kann man nicht beschließen, man muß sie empfangen – umsonst. Eine Erneuerung der Kunst im Glauben kann man weder durch Geld noch durch Kommissionen herbeiführen. Sie setzt vor allen Dingen die Gabe des neuen Sehens voraus. So müßte es uns allen Mühens wert sein, wieder zu einem sehenden Glauben zu gelangen. Wo er ist, wird auch die Kunst den rechten Ausdruck finden.

Musik und Liturgie

Welche Bedeutung der Musik in der biblischen Religion zukommt, kann man ganz einfach daraus sehen, daß das Wort *Singen* (mit den zugehörigen Wörtern *Gesang* usw.) eines der meistgebrauchten Wörter der Bibel überhaupt ist: Im Alten Testament kommt das Wort 309mal vor, im Neuen Testament 36mal. Wo der Mensch mit Gott in Berührung kommt, reicht das bloße Reden nicht mehr aus. Es werden Bereiche seiner Existenz geweckt, die von selbst zu Gesang werden; ja, das Eigene des Menschen ist nicht genügend für das, was er ausdrücken muß, so daß er die ganze Schöpfung einlädt, mit ihm Gesang zu werden: »Wach auf, meine Seele! Wacht auf, Harfe und Saitenspiel! Ich will das Morgenrot wecken. Ich will dich vor den Völkern preisen, Herr, dir vor den Nationen lobsingen. Denn deine Güte reicht, so weit der Himmel ist, deine Treue, so weit die Wolken ziehen« (Ps 57,9–11). Die erste Erwähnung des Singens finden wir in der Bibel nach dem Durchzug durch das Rote Meer. Nun ist Israel definitiv aus der Knechtschaft befreit, es hat Gottes rettende Macht in aussichtsloser Situation in überwältigender Weise erfahren. Wie Mose als Säugling aus dem Nil gezogen und so erst wirklich dem Leben geschenkt wurde, so fühlt sich Israel nun sozusagen aus dem Wasser gezogen, frei, sich selber neu geschenkt durch Gottes eigene Hand. Die Reaktion des Volkes auf das grundlegende Ereignis der Rettung ist im biblischen Bericht mit dem Satz beschrieben: »Sie glaubten an den Herrn und an Mose, seinen Knecht« (Ex 14,31). Aber darauf folgt dann eine zweite Reaktion, die aus der ersten mit elementarer Wucht aufsteigt: »Damals sang Mose mit den Israeliten dem

Herrn dieses Lied...« (15,1). In der Feier der Osternacht stimmen die Christen Jahr um Jahr in dieses Lied ein, singen es neu als ihr Lied, weil auch sie sich durch Gottes Macht »aus dem Wasser gezogen« wissen, von Gott zum wirklichen Leben befreit. Die Apokalypse des Johannes zieht den Bogen noch einmal ein Stück weiter. Nachdem die letzten Feinde des Gottesvolkes auf die Bühne der Geschichte getreten sind: die satanische Trinität, bestehend aus dem Tier, seinem Standbild und der Zahl seines Namens, und so alles für das heilige Israel Gottes verloren scheint angesichts solcher Übermacht, wird dem Seher die Vision der Sieger geschenkt: »Sie standen auf dem gläsernen Meer und trugen die Harfen Gottes. Sie sangen das Lied des Mose, des Knechtes Gottes, und das Lied des Lammes...« (Apk 15,2–3). Das Paradox von damals wird noch gewaltiger: Nicht die riesigen Raubtiere mit ihrer Medienmacht und ihrer technischen Kraft siegen; es siegt das geopferte Lamm. Und so ertönt nun noch einmal, endgültig, das Lied des Gottesknechtes Mose, das jetzt zum Lied des Lammes wird.

In dieser großen geschichtlichen Spannung ist das liturgische Singen angesiedelt. Für Israel blieb immer das Rettungsereignis am Schilfmeer der tragende Grund für den Lobpreis Gottes, das Grundthema seines Singens vor Gott. Für die Christen war die Auferstehung Christi, der das »Rote Meer« des Todes selbst durchschritten hatte, in die Welt der Schatten hinabgestiegen war und die Kerkertore aufgestoßen hatte, der wahre Exodus, der in der Taufe immer neue Gegenwart wurde: Taufe ist Hineingenommenwerden in die Gleichzeitigkeit mit dem Hadesabstieg Christi und mit seinem Heraufsteigen, in dem er uns aufnimmt in die Gemeinschaft des neuen Lebens. Schon am Tag nach der Exodusfreude mußten die Israeliten erkennen, daß sie nun der Wüste und ihren Schrecknissen ausgesetzt waren, und auch der Einzug ins gelobte Land hatte den Bedrohungen kein Ende gesetzt. Aber es gab auch die immer neuen Machttaten Gottes, die dann wirklich das Moselied neu singen ließen und zeigten, daß Gott nicht ein Gott der Vergangenheit, sondern der Gegenwart und der Zukunft ist.

Freilich, in jedem neuen Lied lag auch das Wissen um dessen Vorläufigkeit und das Verlangen nach dem endgültig neuen Lied, nach der Rettung, der kein Augenblick der Angst mehr folgen würde, sondern nur noch Lobgesang. Wer an die Auferstehung Christi glaubte, kannte nun tatsächlich die endgültige Rettung und wußte, daß die Christen, die sich im »Neuen Bund« fanden, jetzt auch vollends das neue Lied sangen, das endgültig und wahrhaftig »neu« war angesichts des ganz anderen, das mit der Auferstehung Christi geschehen war. Was wir im ersten Teil über das »Zwischen« der christlichen Wirklichkeit gehört haben – nicht mehr Schatten, aber noch nicht die volle Wirklichkeit, sondern »Bild« – das gilt auch hier wieder: Das endgültig neue Lied ist angestimmt, aber es müssen noch alle Leiden der Geschichte ausgelitten, aller Schmerz eingesammelt und in das Opfer des Lobes eingebracht sein, um dort verwandelt zu werden in Lobgesang.

Mit alledem ist der theologische Grund des gottesdienstlichen Singens angedeutet. Nun ist es nötig, näher an seine praktische Wirklichkeit heranzukommen. Neben den verschiedenen Zeugnissen über das Singen der einzelnen und der Gemeinschaft in Israel wie über die Musik im Tempel, die sich quer durch die Heiligen Schriften hindurch finden, ist das Psalmenbuch die eigentliche Quelle, auf die wir uns hier stützen können. Auch wenn es mangels einer musikalischen Notation keine Rekonstruktion der »heiligen Musik« Israels ermöglicht, so gibt es uns doch eine Vorstellung vom Reichtum der Instrumente wie von den verschiedenen Weisen des Singens, die in Israel geübt wurden. Und es zeigt uns in seiner gebeteten Poesie die ganze Spannweite der Erfahrungen, die zu Gebet und Gesang vor Gott geworden sind. Trauer, Klage, ja Anklage, Furcht, Hoffnung, Vertrauen, Dankbarkeit, Freude – das ganze Leben spiegelt sich darin, wie es sich im Dialog mit Gott entfaltet. Auffällig ist, daß selbst die Klage in auswegloser Not fast immer mit einem Wort des Vertrauens, sozusagen mit einer Antizipation von Gottes rettender Tat endet. Insofern könnte man in einem gewissen Sinn alle diese »neuen Lieder« als Variationen des Mose-Liedes bezeichnen. Das Singen vor Gott steigt einerseits aus der Not auf, aus der keine Macht der Erde retten kann, so daß nur Gott als Zuflucht bleibt; es kommt zugleich aus dem Vertrauen, das auch in der äußersten Dunkelheit weiß, daß das Ereignis vom Schilfmeer eine Verheißung ist, der das letzte Wort im Leben und in der Geschichte gehört. Wichtig ist endlich, daß die Psalmen häufig aus ganz persönlichen Erfahrungen des Leidens und der Erhörung kommen, aber dann doch immer ins gemeinsame Beten Israels einmünden, wie sie sich von dem gemeinsamen Grund der vergangenen Taten Gottes nähren.

Was die singende Kirche angeht, so können wir hier dieselbe Verbindung von Kontinuität und Erneuerung beobachten, wie wir sie im Wesen der Liturgie überhaupt, beim Kirchenbau und bei den Bildern gesehen haben: Der Psalter wird ganz von selbst auch das Gebetbuch der werdenden Kirche, die damit von selber auch eine betend singende Kirche geworden ist. Das gilt zunächst für den Psalter, den man nun freilich zusammen mit Christus betet. Hatte Israel im Kanon die Psalmen weitgehend dem König David zugeschrieben und ihnen damit auch eine bestimmte heilsgeschichtliche und theologische Interpretation gegeben, so ist für die Christen klar, daß Christus der wahre David ist, daß David im Heiligen Geist durch den und mit dem betete, der sein Sohn sein sollte und zugleich Gottes eigener Sohn ist. Mit diesem neuen Schlüssel traten die Christen in das Beten Israels ein und wußten, daß sie es gerade so zum neuen Lied werden ließen. Beachten wir, daß damit eine trinitarische Auslegung der Psalmen gegeben war: Der Heilige Geist, der David zum Singen und zum Beten inspiriert hatte, läßt ihn von Christus sprechen, ja zum Mund Christi werden, und so reden wir in den Psalmen durch Christus zum Vater im Heiligen Geist. Diese zugleich pneumatologische und christologische Auslegung der Psalmen betrifft aber nicht nur den Text, sondern bezieht auch das musikalische Element mit ein: Der Heilige Geist ist es, der zuerst David und dann durch ihn Israel und die Kirche singen lehrt, ja, das Singen ist als Übersteigen des gewöhnlichen Redens als solches ein pneumatisches Ereignis. Kirchenmusik entsteht als »Charisma«, als Geistesgabe: Sie ist die wahre »Glossolalie«, die neue, vom Geist kommende »Zunge«. In ihr vor allem ereignet sich die »nüchterne Trunkenheit« des Glaubens – Trunkenheit, weil alle Möglichkeiten der bloßen Rationalität überschritten werden. Aber nüchtern bleibt dieser »Rausch«, weil Christus und der Geist zusammengehören, weil diese trunkene Sprache doch ganz in der Zucht des Logos bleibt, in einer neuen Rationalität, die über alle Worte hinaus dem einen Urwort dient, das der Grund aller Vernunft ist. Wir werden darauf zurückkommen müssen.

Wir hatten die mit dem Christusbekenntnis gegebene Ausweitung des Horizonts bereits in der Apokalypse gefunden, wo das Lied der Sieger als Lied des Gottesknechtes Mose und des Lammes bezeichnet wird. Damit wurde nun aber auch noch eine weitere Dimension des Singens vor Gott freigelegt. In der Bibel Israels haben wir bisher zwei Hauptmotivationen für das Singen vor Gott festgestellt: die Not und die Freude, die Drangsal und die Rettung. Die Gottesbeziehung war wohl zu stark von der Ehrfurcht vor der ewigen Macht des Schöpfers bestimmt, als daß man gewagt hätte, die Lieder für den Herrn als Liebeslieder für ihn zu sehen, obwohl in dem Vertrauen, das alle Texte von innen her prägt, letztlich Liebe verborgen ist – aber sie bleibt scheu, eben verborgen. Die Zusammengehörigkeit von Liebe und Singen ist auf eine zuerst vielleicht merkwürdige Weise ins Alte Testament hineingekommen, nämlich durch die Aufnahme des Hohen Liedes, das als solches eine Sammlung von durchaus menschlichen Liebesliedern war. Aber bei der Aufnahme in den Kanon ist ziemlich sicher schon eine weiterreichende Deutung im Spiel gewesen. Man konnte diese schönsten Liebesgedichte Israels als inspirierte Worte der heiligen Schriften verstehen, weil man überzeugt war, daß in der darin sich aussingenden menschlichen Liebe das Liebesgeheimnis Gottes mit Israel durchscheint. In der Sprache der Propheten wurde der Kult der fremden Götter als Hurerei bezeichnet (was insofern einen ganz konkreten Sinn hatte, als zu den Fruchtbarkeitskulten durchweg Fruchtbarkeitsriten, Tempelprostitution gehörte). Umgekehrt erscheint nun die Erwählung Israels als Liebesgeschichte Gottes mit seinem Volk. Der Bund wird im Gleichnis von Verlobung und Ehe als Bindung der Liebe Gottes an den Menschen und des Menschen an Gott ausgelegt. So konnte menschliche Liebe zum Real-Gleichnis für Gottes Handeln in Israel werden. Jesus hatte diese Überlieferungslinie Israels aufgenommen und sich in einem frühen Gleichnis selbst als Bräutigam zu erkennen gegeben. Auf die Frage, warum seine Jünger im Gegensatz zu den Jüngern des Johannes und zu den Pharisäern nicht fasteten, hatte er geantwortet: »Können denn die Hochzeitsgäste fasten, solange der Bräutigam bei ihnen ist? Solange der Bräutigam bei ihnen ist, können sie nicht fasten. Es werden aber Tage kommen, da wird ihnen der Bräutigam genommen sein; an jenem Tag werden sie fasten« (Mk 2,19f). Dies ist eine Passionsprophezeiung, aber auch die Ankündigung der Hochzeit, die dann in den Gleichnissen Jesu vom Hochzeitsmahl immer wieder erscheint und in dem letzten Buch des Neuen Testaments, der Apokalypse, zum zentralen Thema wird: Alles geht durch die Passion hindurch auf die Hochzeit des Lammes zu. Weil sie in den Visionen der himmlischen Liturgie immer schon vorweggenommen scheint, so verstanden die Christen, daß die Eucharistie Anwesenheit des Bräutigams ist und daher Vorgriff auf das Hochzeitsfest Gottes. In ihr geschieht ja jene Kommunion, die der Vereinigung von Mann und Frau in der Ehe entspricht: Wie sie »ein Fleisch« werden, so werden wir alle in der Kommunion »ein Pneuma«, ein Einziger mit ihm. Das im Alten Testament angekündigte hochzeitliche Geheimnis der Verschmelzung von Gott und Mensch geschieht im Sakrament des Leibes und Blutes Christi, gerade durch seine Passion hindurch, ganz real (vgl. Eph 5,29–32; 1 Kor 6,17; Gal 3,28). Das Singen der Kirche kommt letztlich aus der Liebe heraus: Sie ist es zuallertiefst, die das Singen schafft. »Cantare amantis est«, sagt Augustinus: Singen ist Sache der Liebe. Damit sind wir wieder bei der trinitarischen Deutung der Kirchenmusik: Der Heilige Geist ist die Liebe, und er schafft das Singen. Er ist der Geist Christi, er zieht uns in die Liebe zu Christus hinein und führt uns so zum Vater.

Wir müssen erneut von diesen inneren Triebkräften gottesdienstlicher Musik zurückkehren zu den mehr praktischen Fragen. Der Ausdruck, den die Psalmen für »singen« gebrauchen, gehört seiner Wortwurzel nach dem gemeinsamen Bestand der altorientalischen Sprachen zu und bezeichnet ein instrumental (wohl durch Saiteninstrumente) gestütztes Singen, das eindeutig textbezogen und immer einer inhaltlich bestimmten Aussage zugeordnet ist. Es handelte sich wohl um einen Sprechgesang, der vermutlich nur am Anfang und am Ende melodiehafte Tonbewegungen erlaubte. Die griechische Bibel hat das hebräische Wort *zamir* mit *psallein* übersetzt, was im Griechischen »zupfen« (vor allem im Sinn des Saitenspiels) bedeutete, aber nun zum Ausdruck für die spezifische Musizierweise des jüdischen Kultes wurde und dann auch das Singen der Christen bezeichnete. Mehrfach tritt dazu noch ein Zusatz, dessen Bedeutung dunkel bleibt, aber er verweist jedenfalls in irgendeiner Form auf kunstvolles, geordnetes Singen. Der biblische Glaube hatte damit seine eigene Kulturgestalt im Bereich der Musik geschaffen, den ihm von innen her gemäßen Ausdruck, der allen weiteren Inkulturationen ihr Maß vorgibt.

Die Frage, wie weit Inkulturation gehen kann, wurde für die frühe Christenheit gerade im Bereich der Musik bald sehr praktisch. Die christlichen Gemeinden waren aus der Synagoge hervorgewachsen und hatten mit dem nun christologisch gedeuteten Psalter auch deren Weise des Singens übernommen. Sehr bald entstanden jetzt auch neue christliche Hymnen und Gesänge; zuerst noch ganz auf alttestamentlichem Grund das Benedictus und das Magnificat, dann ganz christologisch gefaßte Texte, unter denen der Johannesprolog (1,1–18), der Christushymnus des Philipperbriefes (2,6–11), das Christuslied aus 1 Tim (3,16) herausragen. Eine interessante Information über den Verlauf frühchristlicher Liturgie bietet uns Paulus im ersten Korintherbrief: »Wenn ihr zusammenkommt, hat jeder ein Lied (psalmón), eine Lehre, eine Offenbarung, eine Zungenrede, eine Übersetzung. Alles soll zur Erbauung geschehen« (14,26). Durch den römischen Schriftsteller Plinius, der den Kaiser über den Gottesdienst der Christen informierte, wissen wir, daß zum Kern der christlichen Liturgie zu Beginn des 2. Jahrhunderts das Singen zur Verherrlichung Christi in seiner Gottheit gehörte. Man kann sich vorstellen, daß mit diesen neuen christlichen Texten auch eine Ausweitung des bisherigen Singens vor sich ging, neue Melodien entstanden. Es scheint, daß sich die Entwicklung des Christusglaubens gerade auch in den Lieddichtungen vollzog, die in dieser Zeit als »pneumatische Gaben« in der Kirche entstanden. Darin lag Hoffnung, aber auch Gefahr. Mit der Lösung der Kirche von ihrem semitischen Wurzelgrund und dem Übergang in die griechische Welt vollzog sich wie von selbst eine weitergehende Verschmelzung mit der griechischen Logosmystik, mit ihrer Poesie und ihrer Musik, die schließlich das Christentum von innen her in eine allgemeine Mystik aufzulösen drohte. Gerade der Bereich der Hymnen und ihrer Musik wurde zur Einlaßstelle der Gnosis, jener tödlichen Versuchung, die das Christentum von innen her zu zersetzen begann. So ist es zu verstehen, daß im Ringen um die Identität des Glaubens und seine Verwurzelung in der geschichtlichen Gestalt Jesu Christi die kirchlichen Autoritäten zu einem radikalen Entscheid gegriffen haben. Der Kanon 59 des Konzils von Laodikea verbietet den Gebrauch von privaten Psalmendichtungen und nichtkanonischen Schriften im Gottesdienst; Kanon 15 beschränkt den Gesang der Psalmen auf den Chor der Psalmensänger, während »andere in der Kirche nicht singen sollen«. So sind die nachbiblischen Hymnendichtungen fast völlig verlorengegangen; man kehrte rigoros zu der aus der Synagoge übernommenen, rein vokal gefaßten Singweise zurück. Die so entstandenen kulturellen Verluste mag man bedauern, aber sie waren nötig um des größeren Wertes willen: Die Rückkehr zu scheinbarer kultureller Armut hat die Identität des biblischen Glaubens gerettet und gerade durch die Abwehr falscher Inkulturation die kulturelle Weite des Christentums für die Zukunft geöffnet.

Im geschichtlichen Weg der gottesdienstlichen Musik kann man eine weitgehende Parallele zu der Entwicklung in der Bilderfrage beobachten. Der Osten ist – jedenfalls im byzantinischen Bereich – bei der rein vokalen Musik geblieben, die allerdings im slawischen Raum – wohl auch unter westlichem Einfluß – zur Mehrstimmigkeit ausgeweitet worden ist, deren Männerchöre durch ihre sakrale Würde wie durch ihre gebändigte Kraft das Herz berühren und Eucharistie zum Fest des Glaubens machen. Im Westen ist das überkommene »Psallieren« im Gregorianischen Choral zu einer neuen Höhe und Reinheit entwickelt worden, die einen bleibenden Maßstab für die musica sacra, die Musik im Gottesdienst der Kirche, setzten. Im Spätmittelalter entwickelt sich dann die Polyphonie, und die Instrumente treten wieder in den Gottesdienst herein – durchaus zu Recht, da ja die Kirche, wie wir gesehen haben, nicht nur die Synagoge fortsetzt, sondern auch die im Tempel dargestellte Realität vom Pascha Christi her in sich aufnimmt. Zwei neue Faktoren werden so in der Kirchenmusik wirksam: Die künstlerische Freiheit beansprucht immer mehr Recht auch im Gottesdienst; kirchliche und weltliche Musik durchdringen sich nun gegenseitig, wie es besonders deutlich wird bei den sogenannten Parodie-Messen, bei denen der Meßtext einem Thema, einer Melodie unterlegt wurde, die der weltlichen Musik zugehörte, so daß den Hörern vielleicht sogar eine Art Schlager im Ohr klingen konnte. Es ist klar, daß mit der Chance künstlerischen Schöpfertums und des Aufnehmens weltlicher Motive eine Gefahr verbunden war: Die Musik entfaltet sich nicht mehr aus dem Gebet heraus, sondern führt mit der nun beanspruchten Autonomie des Künstlerischen aus der Liturgie heraus, wird Selbstzweck oder öffnet ganz anderen Weisen des Erlebens und Empfindens die Tür; sie entfremdet die Liturgie ihrem wahren Wesen. An diesem Punkt hat das Konzil von Trient in den ausgebrochenen Kulturstreit eingegriffen, wieder die Wortbestimmtheit der liturgischen Musik zur Norm erhoben und damit den Gebrauch der Instrumente wesentlich eingeschränkt, auch die Differenz zwischen weltlicher und sakraler Musik entschieden klargestellt. Einen zweiten, ähnlichen Eingriff hat Pius X. zu Beginn des 20. Jahrhunderts vorgenommen. Das Zeitalter des Barock hatte (auf je verschiedene Weise im katholischen und im protestantischen Raum) noch einmal eine erstaunliche Einheit von weltlichem Musizieren und Musik im Gottesdienst gefunden, die ganze Leuchtkraft der Musik, die sich auf diesem Höhepunkt der Kulturgeschichte ergeben hatte, in den Dienst der Verherrlichung Gottes zu stellen vermocht. Ob wir Bach oder Mozart in der Kirche hören – beide Male spüren wir auf wunderbare Weise, was gloria Dei – Herrlichkeit Gottes – heißt: Das Mysterium der unendlichen Schönheit ist da und läßt uns Gottes Gegenwart lebendiger und wahrer erfahren, als es durch viele Predigten geschehen könnte. Aber schon melden sich Gefahren an: Noch ist das Subjektive und seine Leidenschaft gebändigt durch die Ordnung des musikalischen Kosmos, in der sich die Ordnung der göttlichen Schöpfung selber spiegelt. Aber schon droht der Einbruch des Virtuosentums, die Eitelkeit des Könnens, die nicht mehr dienend im Ganzen steht, sondern sich selber in den Vordergrund rücken will. Das hat im 19. Jahrhundert, dem Jahrhundert der sich emanzipierenden Subjektivität, vielerorts zum Überwuchern des Sakralen durch das Opernhafte geführt und jene Gefahren neu präsent gemacht, die seinerzeit das Konzil von Trient zum Eingreifen gezwungen hatten. In ähnlicher Weise hat nun Pius X. das Opernhafte aus der Liturgie zu entfernen gesucht, den Gregorianischen Choral und die große Polyphonie der Zeit der katholischen Erneuerung (mit Palestrina als herausragender Symbolfigur) zum Maßstab liturgischer Musik erklärt, die klar von allgemein religiöser Musik zu unterscheiden ist, ähnlich wie Bildende Kunst in der Liturgie anderen Maßstäben zu gehorchen hat als allgemeine religiöse Kunst. Kunst in der Liturgie steht in einer ganz spezifischen Verantwortung und ist gerade so immer wieder Ursprung von Kultur, die sich letztlich dem Kult verdankt.

Heute stehen wir nach der Kulturrevolution der letzten Jahrzehnte vor einer Herausforderung, die gewiß nicht geringer ist als die der drei Krisenzeiten, denen wir eben bei unserer geschichtlichen Skizze begegnet sind: die gnostische Versuchung, die Krise des endenden Mittelalters und der beginnenden Neuzeit, die Krise zu Beginn des 20. Jahrhunderts, die den Auftakt zu den noch radikaler gewordenen Fragen der Gegenwart bildete. Drei Entwicklungen der jüngeren Zeit bezeichnen die Problematik, der sich die Kirche in der Frage liturgischer Musik stellen muß. Da ist zunächst die kulturelle Universalisierung, die von der Kirche zu leisten ist, wenn sie die Grenzen des europäischen Geistes definitiv übersteigen will, also die Frage, wie Inkulturation im Bereich der musica sacra aussehen muß, damit einerseits die Identität des Christlichen bestehen bleibt und andererseits seine Universalität zur Entfaltung kommt. Da sind dann zwei Entwicklungen in der Musik selbst, die zunächst im Westen ihren Ursprung haben, aber in der sich bildenden Weltkultur längst die ganze Menschheit betreffen. Die sogenannte moderne E-Musik (»Klassik«) hat sich inzwischen – von Ausnahmen abgesehen – weithin in ein elitäres Ghetto hineinmanövriert, in das nur Spezialisten eintreten mögen und auch sie vielleicht manchmal mit gemischten Gefühlen. Die Musik der Massen hat sich davon gelöst und geht einen ganz anderen Weg. Da ist zum einen die Popmusik, die freilich nicht mehr vom »Volk« (Pop) im alten Sinn getragen, sondern dem Phänomen der Masse zugeordnet ist, industriell hergestellt wird und letztlich als ein Kult des Banalen bezeichnet werden muß. »Rock« ist demgegenüber Ausdruck elementarer Leidenschaften, die in den Rockfestivals kultischen Charakter angenommen haben, den Charakter eines Gegenkultes zum christlichen Kult allerdings, der den Menschen im Erlebnis der Masse und der Erschütterung durch Rhythmus, Lärm und Lichteffekte sozusagen von sich selbst befreit, in der Ekstase des Zerreißens seiner Grenzen den Teilhaber aber sozusagen in der Urgewalt des Alls versinken läßt. Die Musik der nüchternen Trunkenheit des Heiligen Geistes scheint da wenig Chancen zu haben, wo das Ich zum Kerker, der Geist zur Fessel geworden ist und das Ausbrechen aus beidem als die wahre Verheißung der Erlösung erscheint, die wenigstens für Augenblicke verkostet werden kann.

Was ist zu tun? Vielleicht noch weniger als im Fall der Bildenden Kunst kann hier mit theoretischen Rezepten geholfen werden, sondern nur mit einer Erneuerung von innen her. Ich möchte dennoch versuchen, das abschließend zusammenzufassen, was sich uns an Maßstäben bei unserem Blick auf die inneren Grundlagen der christlichen musica sacra gezeigt hat.

Die Musik des christlichen Gottesdienstes ist in einem dreifachen Sinn logosbezogen:

1. Sie bezieht sich auf die von der Bibel bezeugten und im Kult vergegenwärtigten Ereignisse von Gottes Handeln, das in der Geschichte der Kirche weitergeht, aber seine unverrückbare Mitte im Pascha Jesu Christi – Kreuz, Auferstehung, Erhöhung – hat, das auch die alttestamentlichen Rettungsgeschichten wie die Rettungserfahrungen und die Hoffnungen der Religionsgeschichte in sich aufnimmt, deutet und zu ihrer Fülle bringt. In der liturgischen Musik, die auf dem biblischen Glauben gründet, gibt es daher eine klare Dominanz des Wortes; sie ist eine höhere Weise der Verkündigung. Sie steigt letztlich aus der Liebe auf, die auf Gottes in Christus fleischgewordene Liebe antwortet, auf die Liebe, die für uns in den Tod gegangen ist. Da auch nach der Auferstehung das Kreuz keineswegs Vergangenheit ist, wird diese Liebe immer auch durch den Schmerz über die Verborgenheit Gottes, durch den Schrei aus der Tiefe der Not heraus – Kyrie eleison –, durch Hoffnung und Bitte bestimmt, aber da sie vorwegnehmend immer schon die Auferstehung als Wahrheit erfahren darf, gehört zu ihr auch die Freude des Geliebtwerdens – jene Fröhlichkeit, von der Haydn sagte, daß sie ihn überkomme, wenn er liturgische Texte in Noten setze. Logosbezogenheit heißt also zunächst ganz einfach Wortbezogenheit. Von da gibt es in der Liturgie einen Vorrang des Singens vor der (keineswegs auszuschließenden) Instrumentalmusik. Von da versteht es sich, daß die biblischen und liturgischen Texte die maßgebenden Worte sind, an denen sich die liturgische Musik zu orientieren hat, was aber wiederum durchaus nicht der fortgehenden Schöpfung »neuer Lieder« wider-

spricht, sondern sie inspiriert und sie des Grundes wie der Verläßlichkeit des Geliebtseins von Gott her, also der Erlösung vergewissert.

2. Paulus sagt uns, daß wir aus Eigenem nicht wissen, was wir beten sollen, daß aber der Geist für uns eintritt mit »Seufzen, das wir nicht in Worte fassen können« (Röm 8,26). Das Beten überhaupt und in besonderer Weise die das Wort überschreitende Gabe des Singens und Spielens vor Gott ist Geschenk des Geistes, der die Liebe ist, in uns Liebe wirkt und uns so zum Singen bringt. Weil aber der Geist Christi ist, »von dem Seinigen nimmt« (Joh 16,14), ist die von ihm kommende Gabe, die über die Wörter hinausgeht, gerade so immer auf *das* Wort, auf den das Leben erschaffenden und tragenden Sinn, Christus, bezogen. Die Wörter werden überschritten, aber nicht das Wort, der Logos; dies ist die zweite, tiefere Form der Logosbezogenheit liturgischer Musik. Das ist auch gemeint, wenn in der kirchlichen Tradition von der nüchternen Trunkenheit gesprochen wird, die der Heilige Geist in uns wirkt. Es bleibt eine letzte Nüchternheit, eine tiefere Rationalität bestehen, die sich dem Absinken ins Irrationale und Maßlose entgegenstellt. Was praktisch gemeint ist, kann man von der Musikgeschichte her konkretisieren. Was Platon und Aristoteles über Musik geschrieben haben, zeigt, daß die griechische Welt ihrer Zeit vor der Wahl zwischen zweierlei Kult, zweierlei Gottes- und Menschenbild ganz konkret in der Wahl zwischen zweierlei Grundtypen von Musik stand. Es gibt auf der einen Seite die Musik, die Platon mythologisch dem Apoll, dem Gott des Lichtes und der Vernunft, zuordnet – Musik, die die Sinne in den Geist hineinzieht und so den Menschen zur Ganzheit bringt; Musik, die die Sinne nicht aufhebt, aber sie in die Einheit des Geschöpfes Mensch hineinstellt. Sie erhöht den Geist gerade, indem sie ihn mit den Sinnen vermählt, und sie erhöht die Sinne, indem sie sie mit dem Geist eint; sie drückt so gerade die besondere Stellung des Menschen im ganzen Bau des Seins aus. Und es gibt die Musik, die Platon dem Marsyas zuordnet, die wir wohl kultgeschichtlich auch als »dionysisch« bezeichnen könnten. Sie reißt den Menschen in den Rausch der Sinne hinein,

zertritt die Rationalität und unterwirft den Geist den Sinnen. Die Weise, wie Platon (und maßvoller Aristoteles) Instrumente und Tonarten auf die eine und die andere Seite verteilt, ist überholt und mag uns in vieler Hinsicht verwunderlich erscheinen. Aber die Alternative als solche geht doch durch die ganze Religionsgeschichte hindurch und ist auch heute wieder ganz real vor uns hingestellt. Nicht jede Art von Musik kann in den christlichen Gottesdienst eintreten. Der richtet einen Maßstab auf: Der Maßstab ist der Logos. Ob es sich um Heiligen Geist oder Ungeist handelt, erkennt man daran, sagt Paulus, daß nur der Heilige Geist uns sagen läßt: Jesus ist der Herr (1 Kor 12,3). Der Heilige Geist führt zum Logos, führt zu einer Musik, die im Zeichen des Sursum corda – der Erhebung des Herzens – steht. Die Integration des Menschen nach oben zu und nicht die Auflösung in den gestaltlosen Rausch oder die bloße Sinnlichkeit ist Maßstab logosgemäßer Musik, Weise der *logike latreia* (der vernunftgemäßen, logoshaften Anbetung), von der wir im ersten Teil dieses Buches gesprochen haben.

3. Das in Christus menschgewordene Wort – der Logos – ist nicht nur sinnstiftende Kraft für den einzelnen und auch nicht bloß für die Geschichte, sondern ist der schöpferische Sinn, aus dem das All kommt und den das All – der Kosmos – spiegelt. Deshalb führt uns dieses Wort aus der Vereinzelung heraus in die Zeiten und Orte übergreifende Gemeinschaft der Heiligen hinein. Das ist der »freie Raum« (Ps 31,9), die erlösende Weite, in die der Herr uns stellt. Aber der Radius reicht noch weiter. Christliche Liturgie ist immer auch kosmische Liturgie, wie wir hörten. Was bedeutet das für unsere Frage? Die Präfation, der erste Teil des Hochgebetes, endet regelmäßig mit der Aussage, daß wir mit Cherubim und Seraphim, mit allen himmlischen Chören zusammen »heilig, heilig, heilig« singen. Die Liturgie bezieht sich damit auf die in Jes 6 berichtete Gottesvision. Der Prophet sieht im Allerheiligsten des Tempels den Thron Gottes, der von Seraphim geschützt wird, die einander das Sanctus zurufen: »Heilig, heilig, heilig ist der Herr der Heerscharen. Von seiner Herrlichkeit

ist die ganze Erde erfüllt« (Jes 6,1–3). In diese uns schon immer vorausgehende Liturgie fügen wir uns bei der Feier der heiligen Messe mit ein. All unser Singen ist Mitsingen und Mitbeten mit der großen Liturgie, die die ganze Schöpfung umspannt.

Unter den Vätern hat besonders Augustinus diese ureigene Sicht christlicher Liturgie mit dem Weltbild der griechisch-römischen Antike zu verbinden gesucht. In seinem Frühwerk über die Musik ist er noch ganz von der pythagoreischen Musiktheorie abhängig. Für Pythagoras war der Kosmos mathematisch gebaut, ein großes Zahlengefüge. Die moderne Naturwissenschaft, wie sie bei Kepler, Galilei und Newton beginnt, hat auf diese Vision zurückgegriffen und durch die mathematische Deutung des Alls auch die technische Nutzung seiner Kräfte ermöglicht. Für die Pythagoreer war diese mathematische Ordnung des Alls (Kosmos heißt Ordnung!) mit dem Wesen des Schönen überhaupt identisch: Schönheit entsteht durch die sinnvolle innere Ordnung. Und diese Schönheit war für sie nicht nur optischer, sondern auch musikalischer Natur. Goethe spielt mit seinem Wort vom Wettgesang der Brudersphären auf diese Vorstellung an, daß die mathematische Ordnung der Planeten und ihres Umlaufs einen verborgenen Klang in sich trage, der die Urform von Musik sei. Die Umlaufbahnen sind sozusagen Melodien, die Zahlenordnungen sind Rhythmus, das Miteinander der einzelnen Bahnen Harmonie. Musik, die der Mensch macht, müsse so der inneren Musik des Alls und seinen inneren Ordnungen abgelauscht sein, einbezogen in den »Brudergesang« der »Brudersphären«. Die Schönheit der Musik beruht auf ihrer Entsprechung zu den rhythmischen und harmonischen Gesetzen des Alls. Menschliche Musik ist um so mehr »schön«, je mehr sie sich den musikalischen Gesetzen des Alls einfügt.

Augustinus hatte diese Theorie zunächst aufgenommen und dann vertieft. Ihre Verpflanzung in die Weltsicht des Glaubens mußte freilich im Lauf der Geschichte eine doppelte Personalisierung mit sich bringen. Schon die Pythagoreer hatten die Mathematik des Alls nicht rein abstrakt gefaßt. Intelligente Aktionen setzen nach Ansicht der

Alten eine sie verursachende Intelligenz voraus. Die intelligenten – mathematischen – Bewegungen der Gestirne werden daher nicht rein mechanisch erklärt, sondern sind nur verständlich unter der Voraussetzung, daß die Gestirne beseelt, »intelligent« sind. Für den Christen ergab sich hier der Übergang von den Gestirngottheiten zu den Engelchören von selbst, die Gott umgeben und das All erleuchten. Das Wahrnehmen der »kosmischen Musik« wird so zum Lauschen auf den Gesang der Engel, und die Beziehung zu Jes 6 ergibt sich von selbst. Aber ein weiterer Schritt kam durch den trinitarischen Glauben – den Glauben an den Vater, den Logos und das Pneuma – dazu. Die Mathematik des Alls ist nicht einfach von selber da und ist auch nicht – das wird nun eingesehen – durch Gestirngottheiten zu erklären. Sie hat einen tieferen Grund – den Schöpfergeist; sie kommt aus dem Logos, in dem sozusagen die Urbilder der Ordnung der Welt enthalten sind, die er durch den Geist der Materie einschafft. Man hat deshalb von seiner schöpferischen Funktion her den Logos auch als Ars Dei – die Kunst Gottes (ars = techne!) – bezeichnet. Der Logos selbst ist der große Künstler, in dem alle Werke der Kunst – die Schönheit des Alls – ursprünglich da sind. Mitsingen mit dem All bedeutet demnach: sich auf die Spur des Logos begeben und ihm nahekommen. Jede wahre menschliche Kunst ist Annäherung an *den* »Künstler«, an Christus, an den Schöpfergeist. Der Gedanke der kosmischen Musik, des Mitsingens mit den Engeln, mündet damit wieder in den Logosbezug der Kunst ein, aber eben doch erweitert und vertieft um die kosmische Komponente, die ihrerseits der Kunst im Gottesdienst sowohl Maß wie Weite gibt: Die bloß subjektive »Kreativität« könnte niemals so weit reichen wie der Spannungsbogen des Kosmos und seiner Botschaft von der Schönheit. Sich seinem Maß einzuordnen, bedeutet daher nicht Minderung der Freiheit, sondern Ausweitung ihres Horizonts.

Damit ergibt sich ein letzter Hinweis. Die kosmische Deutung der Musik war mit Variationen bis in die frühe Neuzeit hinein lebendig geblieben. Erst das 19. Jahrhundert rückte davon ab, weil ihm

»Metaphysik« überholt zu sein schien. Hegel hat nun Musik ganz als Ausdruck des Subjekts und der Subjektivität auszulegen versucht. Aber während bei Hegel noch immer der Grundgedanke der Vernunft als Ausgang und Ziel des Ganzen waltet, folgt bei Schopenhauer eine Umkehrung, die für die weitere Entwicklung folgenreich wurde. Die Welt ist von ihrem Grund her nicht mehr Vernunft, sondern »Wille und Vorstellung«. Der Wille geht der Vernunft voraus. Und Musik ist der ursprünglichste Ausdruck des Menschseins überhaupt, der der Vernunft vorausliegende reine Ausdruck des Willens, der die Welt erschafft. Deshalb soll die Musik auch nicht dem Wort untertan und nur in Ausnahmefällen mit dem Wort verbunden sein. Weil sie nur Wille ist, ist sie ursprünglicher als die Vernunft, führt uns hinter sie zurück in den eigentlichen Urgrund des Wirklichen. Man ist an Goethes Umformung des Johannes-Prologs erinnert: nicht mehr »im Anfang war das Wort«, sondern »im Anfang war die Tat«.

Im 20. Jahrhundert setzt sich das fort in dem Versuch, »Orthodoxie« durch »Orthopraxie« zu ersetzen – kein gemeinsamer Glaube mehr (weil Wahrheit unerreichlich sei), sondern nur noch gemeinsame Praxis. Demgegenüber gilt für den christlichen Glauben, wie Guardini in »Vom Geist der Liturgie« eindringlich dargestellt hat, der Vorrang des Logos vor dem Ethos. Wo dies umgekehrt wird, wird das Christentum als solches aus den Angeln gehoben. Gegen die damit angedeutete doppelte neuzeitliche Verschiebung – Musik als reine Subjektivität, Musik als Ausdruck bloßen Willens – steht der kosmische Charakter der liturgischen Musik: Mit den Engeln singen wir. Dieser kosmische Charakter ist letztlich aber begründet in der Logosbezogenheit des ganzen christlichen Kultes. Werfen wir nur noch einen ganz kurzen Blick in die Gegenwart. Die Auflösung des Subjekts, die wir heute gleichzeitig mit radikalen Formen des Subjektivismus erleben, hat zum Dekonstruktivismus – zur anarchischen Kunsttheorie – geführt. All dies kann vielleicht dazu helfen, daß die maßlose Übersteigerung des Subjekts überwunden und wieder erkannt wird, daß gerade die Beziehung auf den am Anfang stehenden Logos auch das Subjekt, nämlich die Person, rettet und sie zugleich in die wahre Beziehung der Gemeinschaft hineinversetzt, die letztlich in der trinitarischen Liebe gründet.

Der aktuelle Kontext unserer Epoche bedeutet, wie wir in den beiden Kapiteln dieses Teils gesehen haben, zweifellos für die Kirche und die Kultur der Liturgie eine schwierige Herausforderung. Dennoch besteht keinerlei Grund zur Entmutigung. Zum einen wohnt der großen kulturellen Tradition des Glaubens eine ungeheure Gegenwartskraft inne: Was in den Museen nur nostalgisch bestauntes Zeugnis der Vergangenheit sein mag, wird in der Liturgie immer wieder frische Gegenwart. Aber auch die Gegenwart selbst ist nicht zur Sprachlosigkeit im Glauben verurteilt. Wer aufmerksam zusieht, wird wahrnehmen, daß gerade auch in unserer Zeit aus den Inspirationen des Glaubens heraus bedeutende Kunstwerke sowohl im Bereich des Bildes wie im Bereich der Musik (und im Bereich der Literatur) entstanden sind und entstehen. Auch heute ist die Freude an Gott und die Berührung mit seiner Gegenwart in der Liturgie eine unerschöpfliche Macht der Inspiration. Die Künstler, die sich diesem Auftrag unterwerfen, brauchen sich wahrhaftig nicht als Nachhut der Kultur zu verstehen: Die leere Freiheit, aus der sie heraustreten, wird ihrer selbst überdrüssig. Die demütige Unterwerfung unter das, was uns vorangeht, setzt die wirkliche Freiheit aus sich heraus und führt uns zu der wahren Höhe unserer Berufung als Menschen.

VIERTER TEIL

Liturgische Gestalt

1. KAPITEL

RITUS

Das Wort Ritus hat heute bei vielen keinen guten Klang. »Ritus« erscheint als Ausdruck von Starrheit, Bindung an vorgegebene Formen; ihm stellt man Kreativität und Dynamik der Inkulturation entgegen, durch die erst lebendige Liturgie entstehe, in der die jeweilige Gemeinde sich selber ausdrückt. Bevor wir auf die damit aufgeworfene Frage eingehen, müssen wir erst einmal wahrnehmen, was Ritus in der Kirche tatsächlich ist, welche Riten es gibt und wie sie sich zueinander verhalten. Der römische (nichtchristliche) Jurist Pomponius Festus hat im 2. Jahrhundert Ritus definiert als »bewährten Gebrauch in der Verwaltung der Opfer« (mos comprobatus in administrandis sacrificiis). Er hat damit eine Realität der ganzen Religionsgeschichte auf eine präzise Formel gebracht: Immer sucht der Mensch nach der rechten Weise, Gott zu verehren, nach einer Form des Betens und des gemeinsamen Kultes, die Gott selbst gefällt und seinem Wesen gemäß ist. In diesem Zusammenhang darf daran erinnert werden, daß das Wort »Orthodoxie« ursprünglich nicht, wie man heute fast allgemein denkt, »rechte Lehre« bedeutet: Das Wort »doxa« heißt im Griechischen einerseits Meinung, Schein; es heißt dann aber in der christlichen Sprache so viel wie »wahrer Schein«, das heißt: Herrlichkeit Gottes. Orthodoxie bedeutet demgemäß die rechte Weise, Gott zu verherrlichen, und die rechte Form der Anbetung. In diesem Sinn ist Orthodoxie von innen her »Orthopraxie«; der moderne Gegensatz löst sich im Ursprung von selber auf. Nicht um Theorien über Gott geht es, sondern um den rechten Weg, ihm zu begegnen. Als die große Gabe des christlichen Glaubens erschien es daher, daß wir nun wissen, welches der rechte Kult ist, wie man Gott wirklich verherrlicht – im Mitbeten und Mitsein mit dem Pascha-Weg Jesu Christi, im Mitvollziehen seiner »Eucharistia«, in der Inkarnation zur Auferstehung führt – auf dem Weg des Kreuzes. Ein Wort Kants abwandelnd, könnte man sagen: Liturgie bezieht alles auf die Auferstehung, aber auf dem Weg des Kreuzes. »Ritus« ist also für den Christen eine konkrete, Zeiten und Räume übergreifende gemeinschaftliche Gestaltung des durch den Glauben geschenkten Grundtypus von Anbetung, die ihrerseits – wie wir im ersten Teil gesehen haben – immer die ganze Praxis des Lebens einbezieht. Ritus hat also seinen primären Ort in der Liturgie, aber nicht nur in ihr. Er drückt sich auch aus in einer bestimmten Weise, Theologie zu treiben, in der Form des geistlichen Lebens und in den rechtlichen Ordnungsformen des kirchlichen Lebens.

An dieser Stelle müssen wir nun, wie eben schon angedeutet, wenigstens einen summarischen Überblick über die wesentlichen Riten zu gewinnen suchen, die sich in der Kirche ausgeprägt haben. Welche Riten gibt es? Wo kommen sie her? Das sind Fragen, die im einzelnen eine Fülle von Problemen aufgeben, die hier nicht zu diskutieren sind. Wenn wir einen gewissen Überblick über das Ganze gewinnen wollen, kann als Ausgangspunkt der Kanon VI des Konzils von Nizäa hilfreich sein, der von drei Primatssitzen spricht, die es in der Kirche gebe: Rom, Alexandrien, Antiochien. Daß alle drei Sitze mit Petrustraditionen in Verbindung stehen, braucht uns hier nicht weiter zu beschäftigen. Alle drei sind jedenfalls Kristallisationspunkte liturgischer Tradition. Wir müssen noch hinzunehmen, daß seit dem 4. Jahrhundert (bald nach Nizäa) Byzanz als weiterer Ordnungspunkt kirchlichen (und damit auch liturgischen) Lebens in Erscheinung tritt, wobei Byzanz sich einerseits nach der Verlegung des Kaisertums an den Bosporus als neues Rom versteht und Prärogativen Roms aufnimmt, andererseits aber auch Gewicht gewinnt durch einen Bedeutungsverlust von Antiochien, dessen Funktionen zu einem guten Teil auf Byzanz übergehen. Von da aus gesehen könnten wir von vier großen liturgischen Überlieferungskreisen sprechen, wobei anfangs die Beziehungen zwischen Rom und Alexandrien verhältnismäßig eng sind, andererseits Byzanz und Antiochien nahe beieinander stehen.

Ohne in Details einzutreten, die den Rahmen dieses Buches überschreiten, müssen wir doch noch ein wenig konkreter werden. Antiochien als der Ursprungsort des Heidenchristentums, an dem auch der Name Christen entstanden war (Apg 11,26), und als Hauptstadt Syriens, also des Kultur- und Sprachraums, in dem die Offenbarung ergangen war, mußte ein Zentralort liturgischer Tradition sein. Da Syrien zugleich Raum großer theologischer Auseinandersetzungen um das rechte Christusbekenntnis war, verwundert es nicht, daß dieser kulturell so dynamische Raum auch für die Liturgie Ausgangspunkt unterschiedlicher Traditionen wurde. Da stehen auf der einen Seite die westsyrischen Riten, unter denen der in Indien lebendig gebliebene malankarische Ritus herausragt, der sich auf den Apostel Jakobus zurückführt. Auch den maronitischen Ritus darf man dem westsyrischen Formenkreis zuordnen. Auf der anderen Seite stehen die sogenannten chaldäischen (ostsyrischen, »assyrischen«) Riten, deren Ausgangspunkt in den großen Theologenschulen von Nisibis und Edessa zu suchen ist. Diesen Riten war eine außergewöhnliche missionarische Wirksamkeit beschieden; sie konnten sich bis nach Indien, Zentralasien und China ausbreiten. Im frühen Mittelalter zählte man etwa 70 Millionen Gläubige dieses rituellen Raums, der durch Islam und Mongoleninvasion unwiederbringliche Verluste erlitt. Immerhin blieb in Indien die malabarische Kirche bestehen. Der »chaldäische« Ritenbereich führt sich auf den Apostel Thomas und die Apostelschüler Addai und Mari zurück. Er hat zweifellos sehr alte Überlieferungen aufbewahrt, und die Nachricht, der Apostel Thomas habe in Indien missioniert, ist historisch durchaus ernst zu nehmen.

Dem kirchlichen Großraum Alexandrien sind vor allem der koptische und der äthiopische Ritus zugeordnet. Die in Alexandrien gewachsene Markusliturgie ist stark von byzantinischen Einflüssen durchsetzt, worauf wir noch zurückkommen werden. Eigenständige Bedeutung hat der armenische Ritus, den die Tradition auf die Apostel Bartholomäus und Thaddäus zurückführt; als ihr eigentlicher Vater ist Gregor der Erleuchter (260–323) anzusehen; in ihrer Gestalt folgt sie weitgehend der byzantinischen Liturgie.

So kommen wir schließlich zu den beiden größten Ritusfamilien: der byzantinischen und der römischen. Wie wir sahen, nimmt Byzanz zunächst und vor allem antiochenische Tradition auf. Die Chrysostomosliturgie trägt das antiochenische Erbe nach Byzanz, aber auch Einflüsse aus Kleinasien und Jerusalem wurden aufgegriffen, so daß ein reiches Erbe aus apostolisch missionierten Räumen hier zusammengeflossen ist. Ein großer Teil der weiten slawischen Welt hat die byzantinische Liturgie übernommen und ist auf diese Weise in die Gemeinschaft des Betens mit den Vätern und mit den Aposteln eingetreten. Im Westen konnte man zunächst drei große liturgische Formkreise unterscheiden: Neben der römischen Liturgie, der die afrikanisch-lateinische Liturgie weitgehend ähnlich war, stand die altgallische (»gallikanische«) Liturgie, der wiederum die keltische eng verwandt war, sowie die altspanische (»mozarabische«) Liturgie. Alle drei Formkreise waren zunächst einander weitgehend ähnlich, aber Spanien und Gallien haben sich im Gegensatz zum konservativen, liturgisch eher archaischen und nüchternen Rom orientalischen Einflüssen geöffnet und sie unterschiedlich verarbeitet. Der strengen Kürze Roms gegenüber ist die gallikanische Liturgie von poetischem Überschwang gekennzeichnet. Etwa seit der Jahrtausendwende nimmt Rom gallikanisches Gut auf, und der gallikanische Ritus verschwindet als eigene Größe, lebt aber in kostbaren Elementen im römischen Ritus fort. Erst die Liturgiereform nach dem II. Vatikanischen Konzil hat mit ihrem Mühen, das Römische in seiner Reinheit wiederherzustellen, das gallikanische Erbe weitgehend zum Verschwinden gebracht, wie denn überhaupt erst nun die radikale Vereinheitlichung der Liturgie durchgeführt wurde, wenn auch zuvor schon im 19. Jahrhundert die immer noch bestehenden Sonderriten von Orten und Orden immer mehr verschwanden. Der anfängliche Uniformierungsprozeß ist inzwischen freilich in sein Gegenteil umgeschlagen: in die weitgehende Auflösung des Ritus, der durch die »Kreativität« der Gemeinden ersetzt werden soll.

Bevor wir uns auf die damit erneut anstehende Grundfrage nach Sinn und Geltung des Ritus einlassen, müssen wir aus der vielleicht ein wenig ermüdenden Skizze der bestehenden Ritenlandschaft einige Konsequenzen ziehen. Zum ersten ist wichtig, daß die einzelnen Riten sich auf die apostolischen Ursprungsräume des Christentums beziehen und so ihre Verankerung in Ort und Zeit des Offenbarungsereignisses suchen. Auch hier gilt wieder, daß »Einmal« und »Immer« zusammengehören, daß der christliche Glaube sich nie vom Erdboden des heiligen Geschehens, von dieser Wahl Gottes trennen kann, der in einem bestimmten Raum und in einer bestimmten Zeit zu uns sprechen, Mensch werden, sterben und auferstehen wollte. Nur von dem »Einmal« kann das »Immer« kommen. Die Kirche betet nicht in eine mythische Allzeitlichkeit hinein: Sie darf ihre Wurzeln nicht verlassen und erkennt das wirkliche Reden Gottes gerade an der Konkretheit seiner Geschichte, an Ort und Zeit, an die er uns knüpft und die uns alle aneinanderknüpfen. Zum Ritus gehört das diachronische Element, das Beten mit den Vätern und den Aposteln, das zugleich ein lokales Moment einschließt, welches sich von Jerusalem nach Antiochien, nach Rom, nach Alexandrien und Konstantinopel erstreckt. Riten sind daher nicht nur Inkulturationsprodukte, so sehr sie Elemente unterschiedlicher Kulturen in sich aufgenommen haben. Sie sind Gestalten apostolischer Überlieferung und ihrer Entfaltung in den großen Traditionsräumen.

Ein Zweites kommt dazu. Die Riten sind nicht streng gegeneinander abgegrenzt. Es gibt Austausch und gegenseitige Befruchtung. Am deutlichsten ist dies bei den zwei großen Schwerpunkten der Ritenbildung: Byzanz und Rom. Die allermeisten östlichen Riten sind in ihrer gegenwärtigen Gestalt sehr stark durch die byzantinischen Einflüsse mitgeprägt worden. Umgekehrt hat Rom immer mehr die verschiedenen Riten des Westens im gemeinsamen römischen Ritus vereinigt. Während Byzanz dem großen Teil der slawischen Welt die Form der Verherrlichung Gottes gab, hat Rom die germanischen, die lateinischen und einen Teil der slawischen Völker liturgisch geprägt. Im ersten Jahrtausend gab es noch liturgischen Austausch zwischen Ost und West; dann haben sich freilich die Riten zu definitiven Gestalten verfestigt, die weitere gegenseitige Befruchtung kaum noch zuließen. Wichtig ist, daß die großen rituellen Gestalten viele Kulturen übergreifen, nicht nur das diachronische Element in sich tragen, sondern auch Gemeinschaft zwischen unterschiedlichen Kulturen und Sprachen schaffen. Sie sind dem Zugriff des einzelnen, der einzelnen Gemeinde oder Teilkirche entzogen; die Unbeliebigkeit ist ihnen wesentlich. In ihnen drückt sich aus, daß hier auf mich zukommt, was ich nicht selber mache; daß ich in ein Größeres hineintrete, das letztlich aus Offenbarung stammt. Deshalb bezeichnet der Osten die Liturgie als »göttliche Liturgie« und drückt damit ihre Unverfügbarkeit aus. Der Westen hat demgegenüber das geschichtliche Element immer stärker empfunden; Jungmann hat deswegen die Auffassung des Westens im Wort von der »gewordenen Liturgie« zusammenzufassen versucht, um damit anzudeuten, daß dieses Werden auch weitergeht – in organischem Wachsen, nicht als eigenmächtiges Machen. Liturgie ist demnach nicht dem technischen Gerät vergleichbar, das man macht, sondern der Pflanze, dem Organischen also, das wächst und dessen Wachstumsgesetze die Möglichkeiten weiterer Entwicklung bestimmen. Im Westen kam freilich hinzu, daß der Papst mit der petrinischen Autorität auch die liturgische Gesetzgebung immer deutlicher in Anspruch nahm und so eine rechtliche Instanz für die weitergehende Formung der Liturgie gegeben war. Je stärker der Primat sich ausprägte, desto mehr mußte die Frage nach Weite und Grenze dieser Vollmacht hervortreten, die freilich als solche nie reflektiert wurde. Nach dem II. Vaticanum entstand der Eindruck, der Papst könne eigentlich alles in Sachen Liturgie, vor allem wenn er im Auftrag eines ökumenischen Konzils handle. Schließlich ging die Idee der Vorgegebenheit der Liturgie, die nicht beliebigem Machen offensteht, im öffentlichen Bewußtsein des Westens weitgehend überhaupt verloren. Tatsächlich hat aber das I. Vaticanum den Papst keineswegs als absoluten Monarchen definiert, sondern ganz im Gegenteil als Garanten des Gehorsams gegenüber dem ergangenen Wort: Seine Vollmacht ist an die Überlieferung des Glaubens gebunden – das gilt gerade auch im Bereich der Liturgie. Sie wird nicht von Behörden »gemacht«. Auch der Papst kann nur demütiger Diener ihrer rechten Entwicklung und ihrer bleibenden Integrität und Identität sein. Auch hier stoßen wir also wieder wie in der Ikonenfrage und bei der Frage nach der musica sacra auf den Sonderweg des Westens gegenüber dem Osten. Und auch hier gilt wieder, daß der eigene, der Freiheit und der Geschichte in der Entwicklung Raum gebende Weg des Westens keineswegs pauschal zu verurteilen ist, aber dann wirklich zu einer Lösung von den Grundlagen christlicher Identität führen würde, wenn man die Grundintuitionen des Ostens, die die Grundintuitionen der alten Kirche sind, verließe. Die Vollmacht des Papstes ist nicht unbeschränkt; sie steht im Dienst der heiligen Überlieferung. Noch weniger kann eine sich in Beliebigkeit verkehrende allgemeine »Freiheit« des Machens mit dem Wesen von Glaube und Liturgie vereinbart werden. Die Größe der Liturgie beruht gerade – wir werden es noch öfters wiederholen müssen – auf ihrer Unbeliebigkeit.

Wenn wir nun noch einmal fragen: Was ist Ritus im Bereich der christlichen Liturgie? – so lautet die Antwort: Er ist gestaltgewordener Ausdruck der Ekklesialität und der geschichtsüberschreitenden Gemeinschaftlichkeit des liturgischen Betens und Handelns. In ihm konkretisiert sich die Bindung der Liturgie an das lebendige Subjekt Kirche, das seinerseits durch die Bindung an die in der apostolischen Überlieferung gewachsene Form des Glaubens gekennzeichnet ist. Diese Bindung an das eine Subjekt Kirche läßt verschiedene Formgebungen zu und schließt lebendige Entwicklung ein, schließt aber ebenso Beliebigkeit aus. Dies gilt dem einzelnen, der Gemeinde, der

Hierarchie und den Laien gegenüber. Die »göttliche Liturgie« (wie der Osten sie nennt) ist gemäß der Geschichtlichkeit von Gottes Handeln ähnlich wie das Schriftwort durch Menschen und ihre Empfänglichkeit hindurch gestaltet. Aber sie hat in ihrer die einzelnen Riten überschreitenden wesentlichen Auslegung des biblischen Erbes teil an der Maßgeblichkeit der Grundgestalt kirchlichen Glaubens. Man kann die Geltung der Riten durchaus derjenigen der großen Bekenntnisse der alten Kirche vergleichen. Wie diese sind sie gewachsen unter der Führung des Heiligen Geistes (Joh 16,13). Es war die Tragik von Luthers Reformbemühen, daß es in eine Zeit fiel, in der die wesentliche Gestalt der Liturgie weitgehend verdeckt und unverstanden war. Trotz aller Radikalität seines Rückgriffs auf »die Schrift allein« hat Luther die Gültigkeit der altchristlichen Bekenntnisse nicht bestritten und damit freilich eine innere Spannung stehenlassen, die zur Grundproblematik der Reformationsgeschichte geworden ist. Die Reformation wäre gewiß anders verlaufen, wenn er die analoge Verbindlichkeit der großen liturgischen Tradition, ihr Wissen um Opfergegenwart und Eingehen in die Stellvertretungstat des Logos hätte sehen können. In der Radikalisierung der historisch-kritischen Methode ist heute sehr deutlich sichtbar geworden, daß »die Schrift allein« Kirche und Gemeinsamkeit des Glaubens nicht begründen kann. Die Schrift ist Schrift überhaupt nur, wenn sie im lebendigen Subjekt Kirche lebt. Um so absurder ist es, daß sich heute nicht wenige daran machen, Liturgie aus der »Schrift allein« neu konstruieren zu wollen und bei solchen Rekonstruktionen die Schrift mit den herrschenden exegetischen Meinungen identifizieren, Glauben mit Meinung verwechseln. Liturgie, die so »gemacht« wird, steht auf Menschenwort und -meinung; sie ist auf Sand gebaut und bleibt leer, mit wieviel menschlicher Kunst man sie auch garnieren mag. Nur der Respekt vor der Vorgängigkeit und vor der grundsätzlichen Unbeliebigkeit der Liturgie kann uns schenken, was wir von ihr erhoffen: das Fest, in dem das Große auf uns zutritt, das wir nicht selber machen, sondern eben als Geschenk bekommen.

Das bedeutet, daß »Kreativität« keine authentische Kategorie des Liturgischen sein kann. Ohnedies ist dieses Wort im Bereich der marxistischen Weltsicht gewachsen. Kreativität bedeutet, daß in einer an sich sinnlosen, durch blinde Evolution entstandenen Welt der Mensch nun schöpferisch eine neue und bessere Welt erschafft. In den modernen Kunsttheorien ist damit eine nihilistische Form von Schöpfertum gemeint: Die Kunst soll nichts nachbilden; künstlerisches Schöpfertum ist das freie Walten des Menschen, das sich an keine Maßstäbe und an keine Zwecke bindet und sich auch keiner Sinnfrage unterwerfen kann. Man mag in solchen Visionen den Schrei nach Freiheit vernehmen, der in einer rundum technisch verfügten Welt zu einem Notschrei wird. So verstandene Kunst erscheint als der letzte Zufluchtsort der Freiheit. Kunst hat mit Freiheit zu tun – das ist wahr. Aber die so verstandene Freiheit ist leer: Sie erlöst nicht, sondern läßt Verzweiflung als das letzte Wort menschlicher Existenz erscheinen. In die Liturgie gehört solche Art von Schöpfertum nicht hinein. Sie lebt nicht von den Einfällen des einzelnen oder irgendwelcher Planungsgruppen. Sie ist ganz umgekehrt der Ein-Fall Gottes in unsere Welt, und der befreit wirklich. Er allein kann die Tür ins Freie öffnen. Je mehr sich Priester und Gläubige diesem Ein-Fall Gottes demütig hingeben, desto »neuer« wird die Liturgie immer wieder sein, und desto persönlicher und wahrer wird sie. Ja, persönlich, wahr und neu wird die Liturgie nicht durch banale Worterfindungen oder Spielereien, sondern durch den Mut, der sich auf den Weg macht ins Große hinein, das uns durch den Ritus immer schon voraus ist und das wir nie ganz einholen.

Muß noch einmal eigens gesagt werden, daß dies alles nichts mit Erstarrung zu tun hat? Während für den Islam der Koran rein Gottes Rede ohne menschliche Vermittlung ist, weiß der Christ, daß Gott durch Menschen gesprochen hat und daß daher der menschlich-geschichtliche Faktor in Gottes Handeln mit hineingehört. Deswegen wird ja auch das biblische Wort erst voll in der Antwort der Kirche, die wir Überlieferung nennen. Deswegen werden die Abendmahlsberichte der Bibel erst konkret in der Aneignung durch die feiernde Kirche. Deswegen kann es in der »göttlichen Liturgie« Entwicklung geben, die freilich ohne Hast und ohne gewaltsames Machen, wie von selber, geschieht (vgl. Mk 4,28). Da die einzelnen Ritenfamilien, wie wir sahen, jeweils an zentralen Orten apostolischer Überlieferung, von »apostolischen Sitzen« her, gewachsen sind und diese Bindung an apostolische Ursprünge zu ihrer Definition gehört, ist nicht anzunehmen, daß sich gänzlich neue Riten bilden können. Wohl aber sind Variationen in den Ritenfamilien möglich; gerade der Westen war bis tief in die Neuzeit hinein durch solche variierende Formen auf dem Boden einer das Ganze umspannenden rituellen Grundform gekennzeichnet. Ein Beispiel solcher möglicher Entfaltung scheint mir das Missale zu sein, das Zaïre (der Kongo) als Möglichkeit erhalten hat: Es ist römischer Ritus »auf Zaïresisch«. Es bleibt die große, apostolisch verwurzelte Gemeinschaft des römischen Ritus, aber er ist sozusagen kongolesisch gewandet, übrigens – was mir durchaus sinnvoll scheint – auch durch Aufnahme orientalischer Elemente. Der Friedensgruß zum Beispiel wird gemäß Mt 5,23–25 nicht vor der Kommunion, sondern vor der Gabendarbringung ausgetauscht, was wohl für den Gesamtbereich des römischen Ritus wünschbar wäre, soweit man den Friedensgruß als solchen beibehalten will.

2. KAPITEL

Der Leib und die Liturgie

1. »Tätige Teilnahme«

Das II. Vatikanische Konzil hat uns als einen Leitgedanken für die Gestaltung der Liturgie das Wort von der *participatio actuosa,* der tätigen Teilnahme aller am »Opus Dei«, also am gottesdienstlichen Geschehen vorgegeben. Dies mit vollem Recht; der Katechismus der katholischen Kirche macht uns darauf aufmerksam, daß das Wort Liturgie uns vom gemeinsamen Dienst spricht, sich also auf das ganze heilige Volk Gottes bezieht (KKK 1069). Aber worin besteht diese tätige Teilnahme? Was muß man da tun? Leider ist das Wort sehr schnell in einem äußerlichen Sinn mißverstanden und die Notwendigkeit eines allgemeinen Agierens daraus abgeleitet worden, als ob möglichst viele möglichst oft für alle sichtbar in Aktion treten müßten. Das Wort »Teilnahme« (oder auch »Teilhabe«) verweist aber auf eine Haupthandlung, an der alle teil-haben sollen. Wenn man also herausfinden will, um welches Tun es geht, dann muß man zuallererst ermitteln, welches denn diese eigentliche, zentrale »actio« ist, an der sich dann alle Glieder der Gemeinschaft beteiligen sollen. Das Studium der liturgischen Quellen ermöglicht uns eine Antwort, die vielleicht fürs erste überraschend und doch wieder von den biblischen Grundlagen her, die wir im ersten Teil bedacht haben, ganz selbstverständlich ist. Unter der actio der Liturgie versteht man in den Quellen das Hochgebet. Die wirkliche liturgische Aktion, der wahre liturgische Akt, ist die oratio – das große Gebet, das den Kern der Eucharistiefeier bildet, die deswegen als ganze von den Vätern als oratio bezeichnet wurde. Das war zunächst schon einfach von der liturgischen Gestalt her richtig, weil nun einmal das Wesentliche christlicher Liturgie sich in der oratio abspielt, die ihre Mitte und ihre grundlegende Form ist. Die Bezeichnung der Eucharistie als oratio war dann den Heiden wie überhaupt den fragenden Intellektuellen gegenüber zugleich eine ganz grundlegende Antwort. Denn damit sagte man den Suchenden: Die Tieropfer und alles das, was es da bei euch gab und gibt und was doch niemand letztlich befriedigen kann, sind nun abgelöst. An ihre Stelle ist das Wort-Opfer getreten. Wir sind die geistige Religion, in der in der Tat der worthafte Gottesdienst stattfindet, nicht mehr Böcke und Rinder geschlachtet werden, sondern das Wort als Träger unserer Existenz an Gott gerichtet wird und sich mit *dem* Wort überhaupt, dem Logos Gottes verschmilzt, der uns in die wahre Anbetung hineinzieht. Vielleicht ist es nützlich, hier noch anzumerken, daß das Wort oratio ursprünglich nicht »Gebet« bedeutet (dafür hatte man das Wort prex), sondern die feierliche öffentliche Rede, die nun freilich ihre höchste Würde dadurch erlangt, daß sie sich an Gott richtet, im Bewußtsein, daß sie von Gott selbst als solche herkommt und ermöglicht ist.

Aber damit ist das Zentrale eben erst angedeutet. Diese oratio – das eucharistische Hochgebet, der »Kanon« – ist wirklich mehr als Rede, ist actio im höchsten Sinn. Denn darin geschieht es, daß die menschliche actio (wie sie bisher von den Priestern in den verschiedenen Religionen geübt worden war) zurücktritt und Raum gibt für die actio divina, das Handeln Gottes. In dieser oratio spricht der Priester mit dem Ich des Herrn – »das ist mein Leib«, »das ist mein Blut« – in dem Wissen, daß er nun nicht mehr aus Eigenem redet, sondern kraft des Sakraments, das er empfangen hat, Stimme des anderen wird, der nun redet, handelt. Dieses Handeln Gottes, das sich durch menschliches Reden hindurch vollzieht, ist die eigentliche »Aktion«, auf die alle Schöpfung wartet: Die Elemente der Erde werden um-substanziiert, sozusagen aus ihrer kreatürlichen Verankerung herausgerissen, im tiefsten Grund ihres Seins erfaßt und umgewandelt in Leib und Blut des Herrn. Der neue Himmel und die neue Erde werden antizipiert. Die eigentliche »Aktion« in der Liturgie, an der wir alle teilhaben sollen, ist Handeln Gottes selbst. Das ist das Neue und Besondere der christlichen Liturgie, daß Gott selber handelt und daß er das Wesentliche tut: die neue Schöpfung heraufführt, sich selbst zugänglich macht, so daß wir mit ihm selber ganz persönlich, durch die Dinge der Erde, durch unsere Gaben hindurch kommunizieren können. Aber wie können wir denn an dieser Aktion teil-haben? Sind nicht Gott und Mensch völlig inkommensurabel? Kann der Mensch, der endliche und sündige, mit Gott, dem Unendlichen und Heiligen, kooperieren? Nun, er kann es eben dadurch, daß Gott selbst Mensch wurde, daß er Leib wurde und hier immer wieder neu durch seinen Leib auf uns zugeht, die wir im Leibe leben. Das ganze Ereignis von Inkarnation, Kreuz, Auferstehung, Wiederkunft ist gegenwärtig als die Form, wie Gott den Menschen in die Kooperation mit sich selbst hineinzieht. In der Liturgie drückt sich das, wie wir schon gesehen haben, darin aus, daß zur oratio die Annahmebitte gehört. Gewiß, das Opfer des Logos *ist* immer schon angenommen. Aber wir müssen darum bitten, daß es *unser* Opfer werde, daß wir selbst, wie wir sagten, »logisiert«, logos-gemäß und so wahrer Leib Christi werden: Darum geht es. Und das muß erbetet werden. Diese Bitte selbst ist ein Weg, ein Unterwegssein unserer Existenz in die Inkarnation und in die Auferstehung hinein. In dieser eigentlichen »Aktion«, in diesem betenden Zugehen auf Teilhabe gibt es keinen Unterschied zwischen Priestern und Laien. Gewiß, die oratio namens der Kirche an den Herrn zu richten und in ihrem Kern mit dem Ich Jesu Christi zu sprechen – das kann nur durch die Ermächtigung des Sakraments geschehen. Aber die Teilhabe an dem, was kein Mensch tut, sondern der Herr selber, und was nur er selber tun kann, die ist für alle gleich. Für uns alle geht es gemäß dem Wort aus 1 Kor 6,17 darum, »dem Herrn anzuhangen und so eine einzige pneumatische Existenz mit ihm zu werden«. Es geht darum, daß letztlich der Unterschied zwischen der actio Christi und der unseren aufgehoben werde. Daß es nur noch *eine* actio gebe, die zugleich die seine und die unsrige ist – die unsrige dadurch, daß wir mit ihm »ein Leib und ein Geist« geworden sind. Die Einzigartigkeit der eucharistischen Liturgie besteht eben darin, daß Gott selbst handelt und daß wir in dieses Handeln Gottes hineingezogen werden. Alles andere ist demgegenüber sekundär.

Natürlich kann man auch die äußeren Aktionen – Vorlesen, Singen, Herbeitragen der Gaben – auf eine sinnvolle Weise verteilen. Dabei ist die Beteiligung am Wortgottesdienst (Vorlesen, Singen) zu unterscheiden von der eigentlich sakramentalen Feier. Daß hier die äußeren Handlungen durchaus sekundär sind, sollte deutlich ins Bewußtsein gehoben werden. Das Agieren muß überhaupt aufhören, wenn das Eigentliche kommt: die oratio. Und es muß sichtbar sein, daß nur die oratio das Eigentliche ist und daß sie wiederum deshalb wichtig ist, weil sie Raum gibt für die actio Gottes. Wer dies begriffen hat, sieht auch leicht ein, daß es nun nicht mehr darum geht, den Priester anzuschauen oder ihm zuzuschauen, sondern daß es darum geht, gemeinsam auf den Herrn hinzuschauen und ihm entgegenzugehen. Der fast theatralische Auftritt unterschiedlicher Akteure, den man heute besonders bei der Gabenbereitung erlebt, geht ganz einfach am Wesentlichen vorbei. Wenn die einzelnen äußeren Aktionen (deren es ja gar nicht viele sind und die man künstlich vermehrt) zum Wesentlichen der Liturgie werden und diese selber in ein allgemeines Agieren ausartet, dann wird das eigentliche Theo-Drama der Liturgie verfehlt und geradezu in eine Parodie verkehrt. Die wahre liturgische Erziehung kann nicht im Erlernen und Erproben von äußeren Aktivitäten bestehen, sondern in der Hinführung auf die wesentliche actio, die Liturgie ausmacht, auf die verwandelnde Macht Gottes, die durch das liturgische Geschehen hindurch uns selbst und die Welt verwandeln möchte. In diesem Betreff ist freilich die liturgische Erziehung bei Priestern wie Laien heute in einem betrüblichen Ausmaß defizitär. Hier bleibt viel zu tun.

Nun wird der Leser vielleicht fragen: Und der Leib? Ist nicht mit dem Gedanken des worthaften Opfers (oratio) alles auf den Geist allein abgestellt? Das könnte zutreffen für die vorchristliche Idee des

Logos-Gottesdienstes, nicht aber für die Liturgie des fleischgewordenen Wortes, das sich uns in seinem Leib und Blut, also körperlich darreicht, freilich in der neuen Leiblichkeit des Auferstandenen, die aber wahre Leiblichkeit bleibt und sich uns daher in den materiellen Zeichen von Brot und Wein schenkt. Das bedeutet, daß wir vom Logos und für den Logos gerade in unserem Leib beansprucht werden, in der leibhaftigen Existenz unseres Alltags. Denn weil die wahre liturgische »Aktion« Handeln Gottes ist, darum reicht die Liturgie des Glaubens immer über den Kultakt hinaus in den Alltag hinein, der selbst »liturgisch« werden soll, Dienst für die Verwandlung der Welt. Vom Leib wird viel mehr verlangt als das Herumtragen von Geräten oder Ähnlichem. Es wird sein ganzer Einsatz im Alltag des Lebens gefordert. Es wird verlangt, daß er »auferstehungsfähig« werde, sich auf die Auferstehung, auf das Reich Gottes hin orientiere, dessen Kurzformel lautet: Dein Wille geschehe wie im Himmel so auf Erden. Wo Gottes Wille geschieht, da ist Himmel, da wird Erde zu Himmel. Uns in die Aktion Gottes hineingeben, damit wir selber in der Kooperation seien mit ihm – das ist es, was in der Liturgie beginnen und sich dann über sie hinaus ausfalten soll. Immer muß Inkarnation über das Kreuz (die Umwandlung unseres Willens in die Willensgemeinschaft mit Gott hinein) auf Auferstehung hinführen – auf die Herrschaft der Liebe, die das Reich Gottes ist. Der Leib muß sozusagen auf die Auferstehung hin »trainiert« werden. Erinnern wir uns dabei, daß das aus der Mode gekommene Wort Askese ins Englische übersetzt einfach Training bedeutet. Wir trainieren mit Eifer, Ausdauer und großen Verzichten heute für mancherlei – warum eigentlich sich nicht für Gott und sein Reich trainieren? »Ich trainiere meinen Leib und bringe ihn in Dienstbarkeit«, sagt Paulus (1 Kor 9,27). Übrigens hat auch er schon die Disziplin der Sportler zum Vorbild für das Trainieren des eigenen Lebens hingestellt. Dieses Training gehört wesentlich in den Alltag, aber es muß doch seinen inneren Anhalt in der Liturgie finden, in ihrer »Orientierung« auf den auferstandenen Christus zu. Es ist, sagen wir es noch einmal anders, Übung daraufhin, den anderen in seiner Andersheit annehmen zu lernen, Training auf Liebe zu – Training, den ganz anderen anzunehmen, Gott, sich von ihm formen und gebrauchen zu lassen. Die Einbeziehung des Leibes, um die es im Gottesdienst des fleischgewordenen Wortes geht, drückt sich in der Liturgie selbst in einer gewissen Zucht des Leibes aus, in Gebärden, die aus dem inneren Anspruch der Liturgie erwachsen sind und sozusagen körperlich ihr Wesen versichtbaren. Diese Gebärden können im einzelnen in verschiedenen Kulturkreisen variieren, gehören aber in ihren wesentlichen Formen zur Kultur des Glaubens, die sich vom Kult her gebildet hat; sie überschreiten daher als gemeinsame Ausdruckssprache die kulturellen Räume. Versuchen wir, uns ihnen zu nähern.

2. Das Kreuzzeichen

Die grundlegende christliche Gebetsgebärde ist und bleibt das Kreuzzeichen. Es ist ein körperlich ausgedrücktes Bekenntnis zu Christus dem Gekreuzigten gemäß dem programmatischen Wort des heiligen Paulus: »Wir verkündigen Christus als den Gekreuzigten, den Juden ein Ärgernis, den Heiden Torheit, den Berufenen aber – seien sie Juden oder Griechen – Christus, Gottes Kraft und Gottes Weisheit« (1 Kor 1,23f). Und noch einmal: »Ich wollte nichts unter euch wissen außer Jesus Christus und ihn als den Gekreuzigten« (2,2). Sich mit dem Zeichen des Kreuzes zu besiegeln, ist ein sichtbares und öffentliches Ja zu dem, der gelitten hat für uns; zu dem, der im Leib die Liebe Gottes bis zum Äußersten sichtbar gemacht hat; zu dem Gott, der nicht durch Zerstören, sondern durch die Demut des Leidens und der Liebe regiert, die stärker ist als alle Macht der Welt und weiser als alle berechnende Intelligenz der Menschen. Das Kreuzzeichen ist ein Glaubensbekenntnis: Ich glaube an den, der für mich gelitten hat und der auferstanden ist; an den, der das Zeichen der Schande in ein Zeichen der Hoffnung und der uns gegenwärtigen Liebe Gottes umgewandelt hat. Das Glaubensbekenntnis ist ein Hoffnungsbekenntnis:

Ich glaube an den, der in seiner Schwachheit der Allmächtige ist; an den, der gerade in der scheinbaren Abwesenheit und in der scheinbaren Ohnmacht mich retten kann und retten wird. Indem wir das Kreuz über uns zeichnen, stellen wir uns unter den Schutz des Kreuzes, halten es gleichsam wie einen Schild vor uns hin, der uns deckt in den Bedrängnissen unserer Tage und uns Mut gibt zum Weitergehen. Wir nehmen es als einen Wegweiser an, dem wir nachgehen: »Wer mein Jünger sein will, der verleugne sich selbst, nehme sein Kreuz auf sich und folge mir nach« (Mk 8,34). Das Kreuz zeigt uns die Straße des Lebens – die Nachfolge Christi.

Wir verbinden das Kreuzzeichen mit dem Bekenntnis zum dreifaltigen Gott – Vater, Sohn und Heiliger Geist. So wird es zur Tauferinnerung, die sich besonders verdeutlicht, wenn wir dazu noch geweihtes Wasser benutzen. Das Kreuz ist ein Passionszeichen, es ist zugleich ein Auferstehungszeichen; es ist sozusagen der rettende Stab, den Gott uns hinhält, die Brücke, auf der wir den Abgrund des Todes und alle Drohungen des Bösen überschreiten und zu ihm gelangen können. Es wird vergegenwärtigt in der Taufe, in der wir mit Kreuz und Auferstehung Christi gleichzeitig werden (Röm 6,1–14). Sooft wir das Kreuzzeichen machen, nehmen wir unsere Taufe neu an; Christus zieht uns vom Kreuz her sozusagen zu sich hin (Joh 12,32) und so in die Gemeinschaft mit dem lebendigen Gott hinein. Denn die Taufe und das Kreuzzeichen, das sie gleichsam zusammenfaßt und wiederaufnimmt, ist vor allem ein Gottesereignis: Der Heilige Geist führt uns zu Christus, und Christus öffnet die Tür zum Vater. Gott ist nicht mehr der unbekannte Gott; er hat einen Namen. Wir dürfen ihn anrufen, und er ruft uns.

So können wir sagen, daß im Kreuzzeichen mit der trinitarischen Anrufung das ganze Wesen des Christentums zusammengefaßt, das unterscheidend Christliche dargestellt ist. Trotzdem oder vielmehr gerade darum öffnet es uns den Weg auch in die Weite der Religionsgeschichte und in die Gottesbotschaft der Schöpfung hinein. Bereits 1873 wurden am Ölberg griechische und hebräische Grabinschriften etwa aus der Zeit Jesu entdeckt, die von Kreuzzeichen begleitet waren, so daß die Ausgräber annehmen mußten, daß es sich um Christen der frühesten Zeit gehandelt habe. Etwa seit 1945 häuften sich Funde jüdischer Gräber mit dem Kreuzzeichen, die mehr oder weniger dem 1. Jahrhundert nach Christus zuzuweisen waren. Die Funde ließen nun die Deutung nicht mehr zu, daß es sich um Christen der ersten Generation handelte; vielmehr mußte man erkennen, daß die Kreuzzeichen im jüdischen Milieu selbst angesiedelt waren. Wie soll man das verstehen? Den Schlüssel lieferte Ez 9,4ff. In der hier geschilderten Vision sagt Gott selbst zu seinem in Linnen gekleideten Boten, der Schreibzeug an der Seite trägt: »Gehe mitten durch die Stadt und schreibe ein Tau auf die Stirne aller Männer, die über die in der Stadt begangenen Greueltaten seufzen und stöhnen.« In der furchtbaren Katastrophe, die bevorsteht, sollen diejenigen, die sich nicht zur Sünde der Welt bekennen, sondern von Gott her darunter leiden – ohnmächtig leiden, aber eben doch zur Sünde in Distanz sind – mit dem letzten Buchstaben des hebräischen Alphabets, dem Tau, gesiegelt werden, das in Form eines Kreuzes geschrieben wurde (T oder + oder X). Das Tau, das faktisch die Gestalt eines Kreuzes hatte, wird zum Eigentumssiegel Gottes. Es antwortet auf die Gottessehnsucht und das Gottesleiden des Menschen, und es nimmt ihn so in den besonderen Schutz Gottes hinein. E. Dinkler konnte zeigen, daß kultische Stigmatisierung – in den Händen oder auf der Stirn – im Alten Testament verschiedentlich vorausgesetzt ist und daß diese Sitte auch in neutestamentlicher Zeit bekannt war; Apk 7,1–8 nimmt im Neuen Testament den Grundgedanken der Ezechielvision wieder auf. Die Grabfunde zeigen in Verbindung mit zeitgenössischen Texten, daß in bestimmten Kreisen des Judentums das Tau als heiliges Zeichen verbreitet war – als Zeichen des Bekenntnisses zum Gott Israels und zugleich als Zeichen der Hoffnung auf seinen Schutz. Dinkler resümiert seine Erkenntnisse in der Aussage, daß im kreuzförmigen Tau »ein ganzes Glaubensbekenntnis in *einem* Zeichen zusammengefaßt« ist, »geglaubte, gehoffte Wirklichkeiten sind in ein sichtbares Bild hineingelesen. Ein Bild freilich, das mehr als nur ein Spiegel ist, von dem man vielmehr rettende Kraft erhofft…« (24). Die Christen haben, soweit wir erkennen können, zunächst nicht an dieses jüdische Kreuzsymbol angeknüpft, sondern das Kreuzzeichen aus dem Inneren ihres Glaubens heraus gefunden und darin die Summe ihres ganzen Glaubens erkennen können. Aber mußte ihnen nicht hernach die Ezechielvision vom rettenden Tau und die ganze darauf bauende Tradition wie eine Schau des Künftigen erscheinen? Wurde nun nicht erst »entschleiert« (vgl. 2 Kor 3,18), was mit diesem geheimnisvollen Zeichen gemeint gewesen war? Wurde nun nicht erst klar, wem es zugehörte, von wem her es seine Kraft nahm? Durften sie in alledem nicht ein Zugehen auf das Kreuz Jesu Christi sehen, der nun das Tau wirklich zur Kraft der Rettung gemacht hatte?

Noch unmittelbarer betroffen waren die dem griechischen Kulturraum angehörenden Väter von einer anderen Entdeckung. Sie fanden bei Platon eine merkwürdige Vorstellung von dem dem Kosmos eingezeichneten Kreuz (Timaios 34 A/B und 36 B/C). Platon hatte dies aus pythagoreischen Traditionen entnommen, die ihrerseits in Verbindung standen mit Überlieferungen des alten Orient. Es handelt sich zunächst um eine astronomische Aussage: Die beiden großen Gestirnsbewegungen, die die antike Astronomie kannte – die Ekliptik (der große Kreis auf der Himmelskugel, auf dem die scheinbare Bewegung der Sonne verläuft) und die Erdbahn –, schneiden sich und bilden zusammen den griechischen Buchstaben Chi, der wiederum kreuzförmig vorgestellt ist (also wie ein X). Dem Kosmos als Ganzem ist das Zeichen des Kreuzes eingeschrieben. Platon hatte dies – sachlich wieder älteren Überlieferungen folgend – mit dem Bild der Gottheit in Verbindung gebracht: Der Demiurg (der Erschaffer der Welt) habe die Weltseele »durch das ganze All ausgestreckt«. Justin der Martyrer, der aus Palästina stammende erste Philosoph unter den Vätern († um 165), entdeckte diese Platon-Texte und zögerte nicht, sie mit der Lehre vom dreifaltigen Gott und seinem heilsgeschichtlichen Handeln in Jesus Christus in Verbindung zu bringen. Er sieht in der Vorstellung des Demiurgen und der Weltseele korrekturbedürftige, aber auch korrekturfähige Vorahnungen des Geheimnisses von Vater und Sohn. Was Platon über die Weltseele sagt, erscheint ihm als Hinweis auf das Kommen des Logos, des Sohnes Gottes. Und so kann er nun sagen, daß die Gestalt des Kreuzes das größte Symbol der Herrschaft des Logos sei, ohne die es keinen Zusammenhang in der ganzen Schöpfung geben könne (1. Apol. 55). Das Kreuz von Golgotha ist vorausgebildet in der Struktur des Kosmos selbst; das Marterwerkzeug, an dem der Herr starb, ist in die Struktur des Alls eingeschrieben. Der Kosmos spricht uns vom Kreuz, und das Kreuz enträtselt uns den Kosmos. Es ist der eigentliche Schlüssel aller Wirklichkeit. Geschichte und Kosmos gehören zusammen. Wenn wir die Augen auftun, lesen wir die Botschaft Christi in der Sprache des Alls, und umgekehrt: Christus schenkt uns, die Botschaft der Schöpfung zu verstehen.

Seit Justin gehört diese »Kreuzesprophetie« Platons und der darin sich zeigende Zusammenhang von Kosmos und Geschichte zu den Grundgedanken der Vätertheologie. Es mußte für die Väter eine überwältigende Entdeckung sein, daß der Philosoph, der älteste Überlieferungen zusammenfaßte und deutete, vom Kreuz als Siegelzeichen des Alls gesprochen hatte. Irenäus von Lyon († um 200), der eigentliche Begründer der Systematischen Theologie in ihrer katholischen Form, sagt in seiner apologetischen Schrift »Erweis der apostolischen Verkündigung«: Der Gekreuzigte »ist selbst das Wort des allmächtigen Gottes, welches in unsichtbarer Gegenwart unser All durchdringt. Und deshalb umfaßt es alle Welt, ihre Breite und Länge, ihre Höhe und Tiefe; denn durch das Wort Gottes werden alle Dinge in Ordnung geleitet. Und Gottes Sohn ist in ihnen gekreuzigt, indem er in der Form des Kreuzes allem aufgeprägt ist« (1,3). Dieser Text des großen Kirchenvaters verbirgt ein Bibelzitat, das für die biblische Kreuzestheologie große Bedeutung hat. Der Brief an die Epheser ermahnt uns, in der Liebe verwurzelt und auf sie gegründet zu sein, damit wir zusammen mit allen Heiligen fähig werden, »die Länge und die Breite, die Höhe und Tiefe zu ermessen und die Liebe Christi zu verstehen, die alle Erkenntnis übersteigt« (3,18f). Es kann kaum ein Zweifel sein, daß schon dieser der Schule des heiligen Paulus zugehörige Brief hier andeutend von dem kosmischen Kreuz spricht und dabei wohl religiöse Überlieferungen aufnimmt, die von dem kreuzförmigen Weltenbaum sprechen, der das All zusammenhält – eine religiöse Vorstellung, die übrigens auch in Indien bekannt war. Augustinus hat eine wundervolle existentielle Interpretation dieser bedeutenden Paulusstelle gegeben. Er sieht darin die Dimensionen des menschlichen Lebens dargestellt und auf die Gestalt des gekreuzigten Christus verwiesen, dessen Arme die Welt umspannen, dessen Weg bis in die Abgründe der Unterwelt und bis in die Höhe Gottes selbst hinaufreicht (De doctr. Christ. II 41,62 CChr XXXII, 75f). Hugo Rahner hat die schönsten Texte der Väterzeit zusammengestellt, die dem kosmischen Mysterium des Kreuzes gelten. Nur zwei möchte ich hier noch anfügen. Bei Laktanz († ca. 325) lesen wir: »Es spannte also Gott in seinem Leiden die Arme aus und umfaßte so den Erdkreis, um schon damals vorzudeuten, daß da vom Aufgang der Sonne bis zum Niedergang ein kommendes Volk sich versammeln werde unter seinen Flügeln« (81). Ein unbekannter Grieche des 4. Jahrhunderts stellt das Kreuz dem Sonnenkult gegenüber und sagt, jetzt aber sei Helios (die Sonne) vom Kreuz besiegt, »und der Mensch, den die geschaffene Sonne am Himmel nicht belehren konnte, siehe, jetzt wird er vom Sonnenlicht des Kreuzes umstrahlt und (in der Taufe) erleuchtet.« Dann nimmt der Unbekannte ein Wort des heiligen Ignatius von Antiochien († um 110) auf, der das Kreuz als Hebewerk (mechane) des Kosmos für den himmlischen Wiederaufstieg bezeichnet hatte (Eph 9,1) und sagt: »O dieser wahrhaft göttlichen Weisheit! O Kreuz, du Hebewerk zum Himmel. Das Kreuz wurde eingerammt – und siehe, der Götzendienst wurde vernichtet. Nicht ein gewöhnliches Holz ist es, sondern ein Holz, dessen sich Gott bediente zum Sieg« (87f).

In seiner eschatologischen Rede hatte Jesus angekündigt, am Ende der Zeiten werde »das Zeichen des Menschensohnes am Himmel erscheinen« (Mt 24,30). Das Auge des Glaubens konnte nun dieses sein Zeichen als von Anbeginn her in den Kosmos eingeschrieben jetzt schon erkennen und so vom Kosmos den Glauben an den gekreuzigten Erlöser bestätigt sehen. Zugleich wußten die Christen auf diese Weise, daß die Wege der Religionsgeschichte auf Christus zugingen, daß ihr in vielen Bildern ausgedrücktes Erwarten auf ihn hinführte. Das bedeutete umgekehrt, daß Philosophie und Religion dem Glauben die Bilder und die Gedanken schenkten, in denen er sich selbst erst vollends verstehen konnte.

»Du sollst ein Segen sein«, hatte am Anfang der Heilsgeschichte Gott zu Abraham gesagt (Gen 12,2). Im Abrahamssohn Christus ist dieses Wort ganz erfüllt. Er ist ein Segen, und er ist Segen für die ganze Schöpfung wie für alle Menschen. So mußte von selber das Kreuz, das sein Zeichen ist im Himmel und auf Erden, zur eigentlichen Segensgebärde der Christen werden. Wir zeichnen das Kreuz über uns selbst und treten so in die Segensmacht Jesu Christi hinein; wir zeichnen es über Menschen, denen wir Segen wünschen; wir zeichnen es auch über Dinge, die uns im Leben begleiten und die wir gleichsam aus der Hand Jesu Christi neu empfangen wollen. Durch das Kreuz können wir füreinander zu Segnenden werden. Ich werde nie vergessen, mit welcher Andacht und welcher inneren Zuwendung Vater und Mutter uns Kindern, wenn wir fortgingen, zumal wenn es ein größerer Abschied war, mit dem geweihten Wasser das Kreuz auf Stirn, Mund und Brust zeichneten. Dieser Segen war ein Geleit, von dem wir uns geführt wußten – die Versichtbarung des Gebetes der Eltern, das mit uns ging, und die Gewißheit, daß dieses Gebet vom Segen des Erlösers getragen ist. Der Segen war auch ein Anspruch an uns, nicht aus dem Raum dieses Segens fortzugehen. Segnen ist eine priesterliche Gebärde, und so spürten wir in diesem Kreuzzeichen das Priestertum der Eltern, seine besondere Würde und Kraft. Ich denke, daß dieses Segnen als vollgültiger Ausdruck des allgemeinen Priestertums aller Getauften wieder viel stärker ins tägliche Leben eintreten und es mit der Kraft der vom Herrn herkommenden Liebe durchtränken sollte.

3. *Haltungen*

Knien / Prostratio

Es gibt Kreise mit nicht geringem Einfluß, die uns das Knien auszureden versuchen. Es passe nicht zu unserer Kultur, sagt man (zu welcher eigentlich?); es schicke sich nicht für den mündigen Menschen, der Gott aufrecht gegenübertrete, oder aber es zieme dem erlösten Menschen nicht, der durch Christus zu einem Freien geworden sei und daher nicht mehr zu knien brauche. Wenn wir in die Geschichte blicken, können wir feststellen, daß Griechen und Römer das Knien ablehnten. Angesichts der parteiischen und der zerstrittenen Götter, die der Mythos schilderte, war diese Haltung durchaus berechtigt: Es war zu offenkundig, daß diese Götter nicht Gott waren, auch wenn man von ihrer launischen Macht abhing und sich ihrer Gunst nach Möglichkeit vergewissern mußte. So sagte man, das Knien sei des freien Mannes unwürdig, es passe nicht zur Kultur Griechenlands, sondern sei Sache der Barbaren. Plutarch und Theophrast charakterisieren das Knien als Ausdruck von Aberglauben; Aristoteles bezeichnet es als barbarische Verhaltensform (Rhetorik 1361 a 36). Augustinus gibt ihm in gewisser Hinsicht recht: Die falschen Götter seien nur die Masken von Dämonen, die den Menschen der Anbetung des Geldes und der Selbstsucht unterworfen, ihn auf solche Weise »servil« und abergläubisch gemacht hätten. Die Demut Christi und seine Liebe, die ans Kreuz ging, haben uns – so sagt er – von diesen Mächten befreit, und vor dieser Demut knien wir. In der Tat – das Knien der Christen ist nicht Form einer Inkulturation in bestehende Sitten hinein, sondern ganz im Gegenteil Ausdruck der christlichen Kultur, die bestehende Kultur umwandelt von einer neuen, tieferen Erkenntnis und Erfahrung Gottes her.

Das Knien kommt nicht aus irgendeiner Kultur – es kommt aus der Bibel und ihrer Gotteserkenntnis heraus. Die zentrale Bedeutung des Kniens in der Bibel kann man ganz konkret daran sehen, daß das Wort *proskynein* allein im Neuen Testament 59mal vorkommt, davon

24mal in der Apokalypse, dem Buch der himmlischen Liturgie, die der Kirche als Maßstab für ihre Liturgie vorgestellt wird. Bei näherem Zusehen können wir drei eng miteinander verwandte Haltungen unterscheiden. Da ist zuerst die Prostratio – das Sich-zu-Boden-Strecken vor der überwältigenden Macht Gottes; da ist besonders im Neuen Testament das Zu-Füßen-Fallen und endlich das Knien. Im einzelnen sind freilich auch sprachlich die drei Haltungen nicht immer deutlich voneinander getrennt. Sie können sich verbinden, ineinander übergehen.

Ich möchte für die Prostratio der Kürze halber nur je einen Text aus dem Alten und dem Neuen Testament benennen. Da ist im Alten Testament die Gotteserscheinung an Josua vor der Eroberung Jerichos, die vom biblischen Schriftsteller ganz bewußt als Parallele zur Gottesoffenbarung für Mose am brennenden Dornbusch gestaltet ist. Josua sieht »den Anführer des Heeres des Herrn«, und nachdem er seine Identität erkannt hat, wirft er sich vor ihm zu Boden. In diesem Augenblick hört er die Worte, die einst dem Mose gesagt worden waren: »Ziehe deine Schuhe aus, denn der Ort, wo du stehst, ist heilig« (Jos 5,14f). In der geheimnisvollen Gestalt des »Anführers des Heeres des Herrn« spricht der verborgene Gott selbst zu Josua, und vor ihm wirft er sich nieder. Schön ist die Auslegung, die Origenes diesem Text gibt: »Gibt es einen anderen Anführer der Mächte des Herrn als unsern Herrn Jesus Christus?« Josua betet also den an, der kommen soll – den kommenden Christus. Vom Neuen Testament wurde von den Vätern an für die christliche Frömmigkeit besonders wichtig das Beten Jesu am Ölberg. Nach Matthäus (22,39) und Markus (14,35) wirft sich Jesus zu Boden, ja, er fällt zur Erde (Mt); Lukas hingegen, der in seinem ganzen Werk – Evangelium und Apostelgeschichte – in besonderer Weise der Theologe des knienden Betens ist, berichtet uns, daß Jesus auf den Knien betete. Dieses Gebet als Eingangsgebet in die Passion ist von der Gebärde wie vom Inhalt her exemplarisch. Die Gebärde: Jesus nimmt gleichsam den Fall des Menschen an, läßt sich in seine Gefallenheit hineinfallen, betet aus der untersten Tiefe der menschlichen Verlassenheit und Not herauf zum Vater. Er legt seinen Willen in den Willen des Vaters hinein: Nicht mein Wille geschehe, sondern der deine. Er legt den Menschenwillen in den göttlichen Willen hinein. Er nimmt alle Verweigerung des menschlichen Willens auf und durchleidet sie; gerade diese Einformung des menschlichen Willens in den Gotteswillen hinein ist der Kern der Erlösung. Denn der Fall des Menschen beruht auf dem Widerspruch der Willen, auf der Gegenstellung des menschlichen Willens gegen den Gotteswillen, die der Versucher dem Menschen als Bedingung seiner Freiheit vorgaukelt. Nur der eigene, autonome Wille, der sich keinem anderen Willen unterwirft, sei Freiheit. Nicht mein Wille, sondern der deine – das ist das Wort der Wahrheit, denn Gottes Wille ist nicht ein Gegenwille zu dem unseren, sondern sein Grund und die Bedingung seiner Möglichkeit. Nur stehend im Willen Gottes wird unser Wille überhaupt wahrer Wille und wird frei. Das Leiden und Ringen des Ölbergs ist das Ringen um diese erlösende Wahrheit, um diese Einung des Geteilten, um die Einung, die Gottgemeinschaft ist. So verstehen wir auch, daß an dieser Stelle die Liebesanrede des Sohnes an den Vater steht: Abba (Mk 14,36). Paulus sieht in diesem Ruf das Gebet, das der Heilige Geist uns auf die Zunge legt (Röm 8,15; Gal 4,6) und verankert so unser pneumatisches Beten im Ölbergsgebet des Herrn.

In der Liturgie der Kirche erscheint die Prostratio heute bei zwei Anlässen: am Karfreitag und bei den höheren Weihen. Am Karfreitag, am Tag der Kreuzigung des Herrn, ist sie angemessener Ausdruck unserer Erschütterung darüber, daß wir durch unsere Sünden mitschuld sind am Kreuzestod Christi. Wir werfen uns nieder und nehmen teil an seiner Erschütterung, an seinem Abstieg in die Tiefe der Not. Wir werfen uns nieder und erkennen so, wo wir sind und wer wir sind: Gefallene, die nur er aufrichten kann. Wir werfen uns nieder wie Jesus vor dem Geheimnis der gegenwärtigen Macht Gottes, wissend, daß das Kreuz der wahre brennende Dornbusch ist, der Ort der Flamme der Liebe Gottes, die brennt, aber nicht zerstört. Bei den Weihen ist es das Bewußtsein unserer absoluten Unfähigkeit, aus Eigenem den priesterlichen Auftrag Jesu Christi wahrzunehmen, mit seinem Ich zu sprechen. Während die Weihekandidaten auf dem Boden liegen, singt die ganze versammelte Gemeinde die Allerheiligenlitanei. Unvergessen bleibt mir dieses Liegen bei meiner Priester- und bei meiner Bischofsweihe. Als ich zum Bischof geweiht wurde, war vielleicht das brennende Gefühl des Ungenügens, der eigenen Unfähigkeit vor der Größe des Auftrags noch stärker als bei der Priesterweihe. Daß da von der betenden Kirche alle Heiligen herbeigerufen wurden, das Beten der Kirche mich förmlich einhüllte und umfing, war wunderbar tröstend. In der eigenen Unfähigkeit, die sich in diesem Liegen körperlich ausdrücken mußte, war dieses Beten, diese Anwesenheit aller Heiligen, der Lebenden und der Toten, eine wunderbare Kraft, und nur sie konnte mich gleichsam aufheben und nur ihr Mitsein den Weg ermöglichen, der vor mir stand.

An zweiter Stelle ist der Gestus des Zu-Füßen-Fallens zu erwähnen, der in den Evangelien viermal (Mk 1,40; 10,17; Mt 17,14; 27,29) mit dem Wort *gonypetein* bezeichnet ist. Greifen wir Mk 1,40 heraus. Ein Aussätziger kommt zu Jesus und bittet ihn um Hilfe; er fällt vor ihm auf die Knie und sagt: »Wenn du willst, kannst du machen, daß ich rein werde.« Hier ist die Tragweite der Geste schwer abzuschätzen. Es handelt sich sicher nicht um einen eigentlichen Anbetungsakt, sondern um eine auch körperlich mit Inbrunst ausgedrückte Bitte, in der freilich ein Vertrauen auf eine Macht zu Worte kommt, die über das bloß Menschliche hinausreicht. Anders steht es hingegen beim klassischen Wort für Anbeten auf den Knien – proskynein. Ich wähle wiederum zwei Beispiele, um die Frage zu verdeutlichen, die sich dem Übersetzer stellt. Da ist zuerst die Geschichte von Jesus, der nach der Brotvermehrung auf dem Berg mit dem Vater weilt, während die Jünger vergeblich mit Wind und Wellen auf dem See kämpfen. Jesus kommt ihnen über die Wasser entgegen; Petrus eilt auf ihn zu und wird vom Herrn vor dem Versinken gerettet. Dann steigt Jesus ins Boot, und der Wind legt sich. Jetzt fährt der Text fort:

Die Jünger im Boot aber »fielen vor Jesus nieder« und sagten: Wahrhaftig, du bist Gottes Sohn (Mt 14,33). Frühere Übersetzungen hatten geschrieben: Die Jünger im Boot »beteten Jesus an« und sagten... Beide Übersetzungen sind richtig, beide heben einen Aspekt des Vorgangs heraus: die neuen den körperlichen Ausdruck, die alten den inneren Vorgang. Denn daß die Gebärde der Anerkenntnis Jesu als des Sohnes Gottes Anbetung ist, wird aus dem Aufbau der Erzählung vollkommen deutlich. Auf eine ähnliche Problematik treffen wir im Johannesevangelium bei dem Bericht von der Heilung des Blindgeborenen. Diese wahrhaft theo-dramatisch aufgebaute Geschichte endet in einem Dialog zwischen Jesus und dem Geheilten, der urbildlich für den Dialog der Bekehrung steht, wie denn die ganze Geschichte zugleich als eine innere Auslegung der existentiellen und theologischen Bedeutung der Taufe verstanden werden muß. In diesem Dialog hatte Jesus den Mann gefragt, ob er an den Menschensohn glaube. Darauf der Blindgeborene: Wer ist das, Herr? Auf die Antwort Jesu »der mit dir redet« folgt das Bekenntnis: Ich glaube, Herr! »Und er warf sich vor ihm nieder« (Joh 9,35–38). Frühere Übersetzungen hatten gesagt: Und er betete ihn an. In der Tat zielt die ganze Szene auf den Akt des Glaubens und die Anbetung Jesu, die aus ihm folgt: Nun sind nicht nur die Augen des Leibes, sondern auch die des Herzens geöffnet. Der Mann ist wahrhaft sehend geworden. Für die Auslegung des Textes ist es wichtig, daß im Johannesevangelium das Wort proskynein elfmal vorkommt, davon neunmal im Gespräch Jesu mit der Samariterin am Jakobsbrunnen (Joh 4,19–24). Dieses Gespräch ist ganz dem Thema der Anbetung gewidmet, und es ist unbestritten, daß hier wie überhaupt im Johannesevangelium das Wort immer die Bedeutung »anbeten« hat. Auch dieses Gespräch endet übrigens – wie dasjenige mit dem geheilten Blinden – in der Selbstoffenbarung Jesu: Ich bin es, ich, der mit dir spricht.

Ich habe mich bei diesen Texten so lange aufgehalten, weil dabei etwas Wichtiges zum Vorschein kommt. In den zwei hier näher untersuchten Stellen ist die geistige von der körperlichen Bedeutung des Wortes proskynein überhaupt nicht zu trennen. Die körperliche Geste ist als solche Trägerin eines geistigen Sinnes – eben der Anbetung, ohne die sie sinnlos wäre, und der geistige Akt wiederum muß sich von seinem Wesen her, aufgrund der leib-seelischen Einheit des Menschen, notwendig in der körperlichen Gebärde ausdrücken. Die beiden Aspekte sind in dem einen Wort so verschmolzen, weil sie von innen her zueinander gehören. Wo das Knien bloße Äußerlichkeit, bloß körperlicher Akt wird, wird es unsinnig; aber auch wo jemand versucht, Anbetung ins bloß Geistige zurückzunehmen, ohne sie zu verleiblichen, erlischt der Akt der Anbetung, weil nun einmal das bloß Geistige dem Wesen des Menschen nicht entspricht. Anbetung ist einer jener Grundakte, die den ganzen Menschen betreffen. Daher ist das Beugen der Knie vor der Gegenwart des lebendigen Gottes unverzichtbar.

Damit sind wir schon bei der typischen Haltung des Kniens auf einem oder beiden Knien angelangt. Im hebräischen Alten Testament entspricht dem Wort »berek« (Knie) das Verbum »barak«, knien. Die Knie galten für den Hebräer als Sinnbild der Kraft; das Beugen der Knie ist so Beugen unserer Kraft vor dem lebendigen Gott, Anerkennung dessen, daß wir alles, was wir sind, von ihm haben. Dieser Gestus erscheint an wesentlichen Stellen des Alten Testaments als Ausdruck der Anbetung. Salomon ließ sich bei der Tempeleinweihung »im Angesicht der ganzen Versammlung Israels auf die Knie nieder« (2 Chr 6,14). Nach dem Exil, in der Not des heimgekehrten Israel, das noch ohne Tempel ist, wiederholt Esra zur Zeit des Abendopfers dieselbe Gebärde: »Dann warf ich mich auf die Knie nieder, breitete die Hände aus und betete zum Herrn, meinem Gott« (Esra 9,5). Der große Passionspsalm 22 (»Mein Gott, mein Gott, warum hast du mich verlassen«) endet mit der Verheißung: »Vor ihm sollen niederfallen die Mächtigen der Erde, vor ihm sich niederwerfen, die in der Erde ruhen« (Vers 30). Die damit verwandte Stelle Jes 45,23 werden wir im Zusammenhang des Neuen Testaments zu bedenken haben. Die Apostelgeschichte erzählt uns vom knienden Beten des heiligen

Petrus (9,40), des heiligen Paulus (20,36) und der ganzen christlichen Gemeinde (21,5). Besonders wichtig für unsere Frage ist der Bericht vom Martyrium des heiligen Stephanus. Der erste Blutzeuge wird in seinem Leiden als vollkommenes Nachbild Christi gezeichnet, dessen Passion sich im Martyrium des Zeugen bis in Einzelheiten hinein wiederholt. Dazu gehört, daß Stephanus kniend die Bitte des gekreuzigten Christus aufnimmt: »Herr, rechne ihnen diese Sünde nicht an« (Apg 7,60). Erinnern wir uns daran, daß Lukas – anders als Matthäus und Markus – vom knienden Beten des Herrn am Ölberg gesprochen hatte, dann zeigt sich, daß Lukas das Knien des Erstmartyrers als Eintreten in das Beten Jesu verstanden wissen will. Das Knien ist nicht nur eine christliche, sondern eine christologische Gebärde. Die wichtigste Stelle zur Theologie des Kniens ist und bleibt für mich der große Christushymnus Phil 2,6–11. In diesem vorpaulinischen Hymnus hören und sehen wir das Beten der apostolischen Kirche und erkennen ihr Christusbekenntnis; wir hören aber auch die Stimme des Apostels, der in dieses Beten hineintrat und es uns überliefert hat; wir nehmen endlich wiederum die tiefe innere Einheit von Altem und Neuem Testament sowie die kosmische Weite des christlichen Glaubens wahr. Der Hymnus zeichnet Christus als Gegenbild zum ersten Adam: Während dieser eigenmächtig nach dem Gottsein greift, hält Christus das Gottsein, das ihm von innen her zu eigen ist, nicht »wie einen Raub« fest, sondern erniedrigt sich bis in den Tod am Kreuz hinein. Eben diese Demut, die aus der Liebe kommt, ist das wahrhaft Göttliche und verschafft ihm den »Namen über alle Namen«, »damit alle im Himmel und auf der Erde und unter der Erde ihre Knie beugen vor dem Namen Jesu ...« Der Hymnus der apostolischen Kirche nimmt hier das Verheißungswort aus Jes 45,23 auf: »Ich habe bei mir selbst geschworen und mein Mund hat die Wahrheit gesprochen: Vor mir wird jedes Knie sich beugen ...« In dem Ineinander von Altem und Neuem Testament wird klar, daß Jesus gerade als der Gekreuzigte den »Namen über alle Namen« – den Namen des Höchsten – trägt und selbst in Gottes Wesen steht. Durch ihn, den Gekreuzigten, erfüllt sich nun die kühne Verheißung des Alten Bundes: Alle beugen sich auf die Knie vor Jesus, dem Abgestiegenen, und beugen sich gerade so vor dem einen wahren Gott über allen Göttern. Das Kreuz ist zum weltumspannenden Zeichen der Gegenwart Gottes geworden, und alles, was wir vorhin über das historische und das kosmische Kreuz gehört haben, muß uns an dieser Stelle wieder in den Sinn kommen. Die christliche Liturgie ist gerade dadurch kosmische Liturgie, daß sie vor dem gekreuzigten und erhöhten Herrn die Knie beugt. Dies ist die Mitte wirklicher »Kultur« – der Kultur der Wahrheit. Der demütige Gestus, mit dem wir dem Herrn zu Füßen fallen, reiht uns in die wahre Lebensbahn des Weltalls ein.

Man könnte noch vieles hinzufügen, etwa die ergreifende Geschichte, die uns Eusebius von Caesarea in seiner Kirchengeschichte als eine auf Hegesipp (2. Jahrhundert) zurückgehende Überlieferung berichtet, daß nämlich Jakobus, der »Herrenbruder«, der erste Bischof von Jerusalem und »Chef« der judenchristlichen Kirche, eine Art Kamelhaut auf den Knien gehabt habe, weil er immer auf den Knien war, Gott anbetete und um Vergebung für sein Volk flehte (II 23,6). Oder die Erzählung aus den Sentenzen der Wüstenväter, daß der Teufel von Gott gezwungen wurde, sich einem gewissen Abt Apollon zu zeigen – schwarz, häßlich anzusehen mit erschreckend mageren Gliedern, und vor allem: Er hatte keine Knie. Die Unfähigkeit zu knien erscheint geradezu als das Wesen des Diabolischen.

Aber ich will nicht zu ausführlich werden. Nur eine Bemerkung möchte ich noch anfügen: Der Ausdruck, mit dem Lukas das Knien der Christen beschreibt (theis ta gonata) ist dem klassischen Griechisch unbekannt. Es handelt sich um ein spezifisch christliches Wort. Mit dieser Bemerkung schließt sich der Kreis zum Anfang unserer Überlegungen hin. Es mag wohl sein, daß moderner Kultur das Knien fremd ist – insofern sie nämlich eine Kultur ist, die sich vom Glauben entfernt hat und den nicht mehr kennt, vor dem zu knien die rechte, ja, von innen her nötige Gebärde ist. Wer glauben lernt, lernt auch knien, und ein Glaube oder eine Liturgie, die das Knien nicht mehr kennte, wäre an zentraler Stelle krank. Wo es verlorengegangen ist, müssen wir das Knien wieder erlernen, damit wir betend in der Gemeinschaft der Apostel und Martyrer, in der Gemeinschaft des ganzen Kosmos, in der Einheit mit Jesus Christus selbst verbleiben.

Stehen und Sitzen. Liturgie und Kultur

Zu diesen beiden Haltungen können wir wesentlich kürzer sein, weil sie heute kaum umstritten sind und ihre je eigene Bedeutung auch leicht einzusehen ist. Das Stehen ist im Alten Testament eine klassische Gebetshaltung. Begnügen wir uns mit *einem* Beispiel, dem Gebet der kinderlosen Hanna, die auf ihr Beten hin zur Mutter des Samuel wird; Lukas zeichnet im Neuen Testament Elisabet, die Mutter des Täufers Johannes, mit Farben, die an Hanna erinnern. Nach der Entwöhnung des Knaben Samuel kommt die glückliche Mutter zum Tempel, um das Kind der Verheißung dem Herrn zu übergeben. Sie erinnert den Hohenpriester Eli an das Damalige mit den Worten: »Ich bin die Frau, die damals neben dir stand, um zum Herrn zu beten« (1 Sam 1,26). Eine Reihe neutestamentlicher Texte zeigt uns, daß zur Zeit Jesu das Stehen die gewöhnliche Gebetshaltung der Juden war (Mt 6,5; Mk 11,25; Lk 18,11ff). Bei den Christen war das Stehen vor allem die österliche Form des Betens; der Kanon XX des Konzils von Nizäa schreibt vor, daß die Christen während der Osterzeit nicht knien, sondern stehen sollen. Es ist die Zeit des Sieges Jesu Christi, die Zeit der Freude, in der wir den österlichen Sieg des Herrn auch in der Haltung unseres Betens darstellen. Das mag uns noch einmal an die Passion des Stephanus erinnern, der angesichts des Tobens seiner Gegner zum Himmel schaut; er sieht Jesus stehen zur Rechten des Vaters. Das Stehen ist die Gebärde des Siegers. Jesus steht in der Gegenwart Gottes – er steht, weil er den Tod und die Macht des Bösen niedergerungen hat. Er ist in diesem Kampf am Ende der Aufrechte, der

Stehengebliebene. Dieses Stehen ist auch Ausdruck der Bereitschaft: Christus ist zur Rechten Gottes aufgestanden, uns entgegenzugehen. Er hat sich nicht zurückgezogen – er steht für uns, und wir dürfen gerade in der Stunde der Bedrängnis sicher sein, daß er aufbrechen wird zu uns, wie er einst vom Vater her aufbrach und über die Wasser zu den Seinen kam, deren Schiff dem Wind und den Wogen nicht gewachsen war. Im Stehen wissen wir uns dem Sieg Christi geeint, und wenn wir das Evangelium stehend hören, so ist dies Ausdruck der Ehrfurcht: Bei diesem Wort können wir nicht sitzen bleiben, es reißt uns hoch. Es verlangt Ehrfurcht und Mut zugleich, den Willen zum Aufbruch, um seinen Ruf zu erfüllen, es hineinzutragen in unser Leben und in die Welt.

Noch eine Erinnerung kann uns hier helfen. Aus der Malerei der Katakomben kennen wir die Gestalt der Orante, die weibliche Figur, die stehend mit ausgebreiteten Händen betet. Nach neueren Erkenntnissen stellt die Orante normalerweise nicht die betende Kirche dar, sondern die in die himmlische Herrlichkeit eingegangene Seele, die nun anbetend vor dem Angesicht Gottes steht. Zweierlei ist daran wichtig: Die Seele ist fast immer weiblich dargestellt, weil das Spezifische des Menschseins vor Gott in der Gestalt der Frau zum Ausdruck kommt: das bräutliche Element im Blick auf die ewige Hochzeit, dazu das bereite Aufnehmen der Gnade, die uns geschenkt wird. Das andere: Hier wird nicht die irdische Liturgie, die Liturgie der Pilgerschaft dargestellt, sondern das Beten in der Verherrlichung. So wird von der Orante her noch einmal klar, daß das stehende Beten ein Vorgriff auf die Zukunft ist, auf die kommende Herrlichkeit; es will uns dorthin orientieren. Insofern liturgisches Beten Antizipation des Verheißenen ist, ist ihm das Stehen eigen; insofern es aber in jenem »Zwischen« bleibt, in dem wir leben, bleibt ihm das Knien als Ausdruck unseres Jetzt unerläßlich.

Endlich kennt die Liturgie das Sitzen während der Lesungen, während der Predigt und in der meditativen Verarbeitung des Wortes (Psalmengesang usw.). Ob es auch für die Gabenbereitung angemessen ist, mag hier dahingestellt bleiben. Man hat es in jüngster Zeit eingeführt aus einem bestimmten Verständnis dieses Teils der heiligen Liturgie heraus, dem man jeden sakralen Charakter absprechen wollte, um es als eine rein pragmatische Aktion anzusehen. Darüber soll an dieser Stelle nicht gestritten werden; neue Überlegungen – auch im Sinn von ritenvergleichender Theologie – sind nötig. Das Sitzen soll der Sammlung dienen; der Leib soll entspannt sein, damit das Hören und Verstehen ganz in sein Recht tritt.

Heute (und in verschiedenen Weisen wohl auch schon früher) kann man merkwürdige Vermischungen zwischen den verschiedenen Haltungen beobachten. Das Sitzen wird da und dort dem Lotossitz indischer Religiosität angenähert, der als die eigentlich meditative Haltung angesehen wird. Nun, ich möchte den Lotossitz, der praktisch bei uns wieder in unterschiedlichen Weisen ausgeführt wird, für einen Christen nicht grundsätzlich ausschließen, aber in die Liturgie gehört er nicht hinein. Gerade wenn man die innere Sprache der Gebärden zu verstehen sucht, kann man auch ihren Ursprung und ihre seelische Richtung verstehen. Im Knien beugt sich der Mensch, aber sein Blick geht nach vorne und nach oben, wie im Stehen, zum Gegenüber. Es ist Ausgerichtetsein auf den, der uns anschaut und auf den wir hinzuschauen versuchen gemäß dem Wort des Hebräerbriefs: »Laßt uns auf Jesus blicken, den Urheber und Vollender des Glaubens« (12,3; vgl. 3,1). Den Blick auf Jesus geheftet halten – das ist ein Stichwort der Gebetslehre der Väter geworden, die damit wieder das alttestamentliche Motiv des »Suchens nach deinem Antlitz« aufnehmen. Der Beter schaut über sich hinaus auf den, der über ihm ist und der auf ihn zugeht, auf den er mit seinem schauenden Beten seinerseits zuzugehen versucht, um so in die hochzeitliche Einheit mit ihm zu kommen. Im östlichen Meditationssitz ist das anders. Der Mensch blickt in sich hinein. Er geht nicht von sich weg auf den anderen zu, sondern will nach innen hinein versinken, ins Nichts, das zugleich Alles ist. Gewiß kennt auch die christliche Überlieferung den Gott, der uns innerlicher ist als wir selbst – den Gott, den wir gerade dadurch suchen, daß wir aus dem Herumirren im Äußeren aufbrechen und nach innen gehen, um da, in unserer Innerlichkeit, uns selbst und unseren innersten Grund zu finden. Insofern gibt es durchaus Brücken von der einen zur anderen Haltung. Wir haben gerade heute in unserem Empirismus und Pragmatismus, im Verlust der Seele, wieder Grund, von Asien zu lernen. Aber sosehr der christliche Glaube für die Weisheit Asiens offen ist, offen sein muß, der Unterschied zwischen dem apersonalen und dem personalen Verstehen Gottes bleibt. Und von da aus muß man sagen, daß Knien und Stehen auf einzigartige und unersetzliche Weise die christliche Gebetshaltung sind – das Ausgerichtetsein auf das Antlitz Gottes, auf das Antlitz Jesu Christi, den sehend wir den Vater sehen dürfen (Joh 14,9).

Der Tanz ist keine Ausdrucksform christlicher Liturgie. Gnostisch-doketische Kreise haben ihn etwa im 3. Jahrhundert in die Liturgie einzuführen versucht. Für sie war die Kreuzigung nur Schein: Christus hatte den von ihm nie wirklich angenommenen Leib vor der Passion verlassen, und so konnte an die Stelle der Kreuzesliturgie der Tanz treten, weil ja das Kreuz nur Schein gewesen war. Die kultischen Tänze der verschiedenen Religionen haben unterschiedliche Richtungen – Beschwörung, Analogiezauber, mystische Ekstase –; keine dieser Gestalten entspricht der inneren Richtung der Liturgie des »worthaften Opfers«. Vollkommen widersinnig ist es, wenn bei dem Versuch, die Liturgie »attraktiv« zu gestalten, Tanzpantomimen – womöglich von professionellen Tanzgruppen – eingelegt werden, die dann häufig (von ihrer Anlage her zu Recht) in Beifall münden. Wo immer Beifall für menschliches Machen in der Liturgie aufbricht, ist dies ein sicheres Zeichen, daß man das Wesen der Liturgie gänzlich verloren und sie durch eine Art religiös gemeinter Unterhaltung ersetzt hat. Solche Attraktivität hält nicht lange; auf dem Markt der Freizeitangebote, der zusehends Formen des Religiösen als Kitzel einbezieht, ist die Konkurrenz nicht zu bestehen. Ich habe erlebt, wie man den Bußakt durch eine Tanzdarstellung ersetzte, die selbstverständlich großen Beifall fand; könnte man sich von dem, was Buße wirklich ist, weiter entfernen? Liturgie kann nur dann Menschen anziehen, wenn sie nicht auf sich selber schaut, sondern auf Gott; wenn sie ihn eintreten und handeln läßt. Dann geschieht das wirklich Einzigartige, außer Konkurrenz, und die Menschen spüren, daß hier sich mehr ereignet als Freizeitgestaltung.

Kein christlicher Ritus kennt den Tanz. Was man in der äthiopischen Liturgie oder in der zaïresischen Form der römischen Liturgie so nennt, ist rhythmisch geordnetes Schreiten, das der Würde des Vorgangs gemäß ist, die verschiedenen Wege in der Liturgie innerlich in Zucht nimmt und ordnet, ihnen so Schönheit und vor allem: Gott-Würdigkeit gibt. Noch einmal anders stellt sich die Frage, wenn es nicht um Liturgie, sondern um Volksfrömmigkeit geht. Hier sind nicht selten alte religiöse Ausdrucksformen, die sich der Liturgie als solcher nicht einfügen ließen, in die Welt des Glaubens integriert worden. Der Volksfrömmigkeit kommt eine besondere Bedeutung als Brücke zwischen dem Glauben und den jeweiligen Kulturen zu. Sie ist ganz von selbst den jeweiligen Kulturen unmittelbar verpflichtet. Sie dehnt die Welt des Glaubens aus und gibt ihm seine Vitalität in den jeweiligen Lebenszusammenhängen. Sie ist weniger universal als die Liturgie, die große Räume in der Einheit des Glaubens miteinander verbindet und verschiedene Kulturen umspannt; die einzelnen Formen der Volksfrömmigkeit liegen daher weiter auseinander als die Liturgien und verkörpern doch auch wieder die Menschlichkeit des Menschen, die über die Kulturen hinweg sich auch in verschiedenen Weisen ähnlich bleibt. In Europa kennen wir als bekanntestes Beispiel die Echternacher Springprozession. Im Norden Chiles konnte ich einmal in einem kleinen Heiligtum mitten in der Wüste einer Marienandacht beiwohnen, auf die dann im Freien ein Tanz zu Ehren der Madonna folgte, dessen Masken mir eher furchterregend erschienen. Sicher lagen hier uralte vorkolumbianische Überlieferungen zugrunde. Was einmal von einem schreckenerregenden Ernst angesichts der Macht der Götter geprägt gewesen sein mochte, war nun befreit, war Huldigung an die demütige Frau geworden, die Mutter Gottes heißen darf und Grund unserer Zuversicht ist. Noch einmal etwas anderes ist es, wenn nach der Liturgie die dort gesammelte Freude zum »weltlichen« Fest wird, das sich im gemeinsamen Mahl und Tanz ausdrückt und dabei doch den Grund der Freude nicht aus dem Auge verliert, der ihr auch Richtung und Maß gibt. Diese Verbindung von Liturgie und heiterer Weltlichkeit (»Kirche und Wirtshaus«) hat immer als typisch katholisch gegolten und ist es auch.

An dieser Stelle liegt eine kurze Bemerkung über das Thema Liturgie und Inkulturation nahe, das hier freilich nicht in seiner Breite und Tiefe angegangen, aber eben doch auch nicht ganz übergangen werden soll. Heute erscheint allenthalben die Liturgie als das Probierfeld für Inkulturationsübungen. Wenn man von Inkulturation spricht, denkt man fast nur an die Liturgie, die dabei oft traurige Entstellungen erdulden muß, unter denen die Teilnehmer meist stöhnen, derentwegen dies doch geschieht. Inkulturation, die faktisch nur Wechseln äußerer Formen ist, ist überhaupt keine Inkulturation, sondern deren Mißverständnis. Überdies beleidigt sie häufig kulturelle und religiöse Gemeinschaften, bei denen man auf allzu oberflächliche und äußerliche Weise liturgische Formen borgt. Die erste und grundlegende Weise der Inkulturation ist die Entfaltung einer christlichen Kultur in ihren verschiedenen Dimensionen: einer Kultur des Miteinander, der sozialen Fürsorge, der Achtung vor dem Geringen, der Überwindung der Standesunterschiede, der Sorge um die Leidenden und Sterbenden; einer Kultur, die Bildung des Verstandes und des Herzens im rechten Miteinander gibt; einer politischen Kultur und einer Rechtskultur; einer Kultur des Dialogs, der Ehrfurcht vor dem Leben usw. Solche wahre Inkulturierung des Christentums schafft dann auch Kultur im engeren Sinn des Wortes, das heißt, sie führt zu künstlerischem Werk, das die Welt im Lichte Gottes neu auslegt. Kultur ist – darin haben die Griechen völlig recht gesehen – vor allem Erziehung, das Wort in seinem tiefsten Sinn begriffen als innere Öffnung des Menschen auf seine Möglichkeiten hin, bei der dann auch sein äußeres Können entsprechend seinen

Gaben entfaltet wird. Auf dem religiösen Sektor wird Kultur sich vor allem im Wachsen authentischer Volksfrömmigkeit zeigen. Daß in Lateinamerika ungeachtet aller Unzulänglichkeiten der christlichen Mission und ungeachtet alles dessen, was noch zu tun ist, der christliche Glaube doch tiefe Wurzeln in den Seelen geschlagen hat, zeigt sich in der Volksfrömmigkeit, in der das Geheimnis Christi den Menschen ganz nahe geworden, Christus wirklich der ihre geworden ist. Denken wir an die Passionsfrömmigkeit, in der diese leidenden Völker den mitleidenden Gott nach den grausamen Göttern ihrer Vergangenheit dankbar als Antwort auf ihre innerste Erwartung begriffen haben; denken wir an die Marienfrömmigkeit, in der das ganze Geheimnis der Menschwerdung, die Zärtlichkeit Gottes und die Einbeziehung des Menschen in Gottes eigenes Wesen hinein, das Wesen göttlichen Handelns, tief erfahren wird. Volksfrömmigkeit ist der Humus, ohne den die Liturgie nicht gedeihen kann. Sie ist leider in Teilen der Liturgischen Bewegung und bei der Reform nach dem Konzil vielfach verachtet oder gar getreten worden. Statt dessen muß man sie lieben, wo nötig reinigen und führen, aber immer mit großer Ehrfurcht als die Zueignung des Glaubens im Herzen der Völker annehmen, selbst wo sie fremd oder befremdend erscheint. Sie ist die sichere innere Verwurzelung des Glaubens; wo sie vertrocknet, haben Rationalismus und Sektierertum leichtes Spiel. Von der Volksfrömmigkeit können dann auch erprobte Elemente in die liturgische Gestaltung übergehen, ohne eilfertiges Machen, in einem geduldigen Prozeß langsamen Wachsens. Im übrigen hat die Liturgie ohne Manipulationen am Ritus ganz von selbst durch die Weise des Feierns immer auch ein je eigenes kulturelles Gepräge getragen. Ein Gottesdienst in einem oberbayerischen Dorf sah ganz anders aus als ein Hochamt in einer französischen Kathedrale, dieses wieder ganz anders als eine Messe in einer Pfarrei Süditaliens, und wieder anders sah es aus in einem Bergdorf der Anden und so fort. Schmuck und Gestaltung des Altars wie des Kirchenraums, der liturgische Dienst, die Art des Singens und Betens – all das gab der Liturgie ein durchaus eigenes Gepräge ge, so daß man in ihr ganz und gar daheim war. Und doch konnte man sie überall als die eine und selbe und so die große Gemeinschaft des Glaubens erfahren. Die Einheit des Ritus schenkt die reale Erfahrung der communio; wo er von innen her geachtet und zugleich beseelt wird, sind Vielfalt und Einheit keine Gegensätze.

4. Gebärden

Die älteste Gebetsgebärde der Christenheit sind die ausgebreiteten Hände, die »Orantenhaltung«, der wir vorhin schon kurz begegnet waren. Dies ist eine Urgebärde des zu Gott rufenden Menschen, die praktisch in der ganzen Welt der Religionen anzutreffen ist. Sie ist zunächst ein Ausdruck der Gewaltlosigkeit, eine Gebärde des Friedens: Der Mensch öffnet seine Hände und öffnet sich so dem anderen. Es ist auch eine Gebärde des Suchens und der Hoffnung: Der Mensch greift aus nach dem verborgenen Gott, er streckt sich ihm entgegen. Man hat die ausgebreiteten Hände auch mit dem Bild von Flügeln in Verbindung gebracht: Der Mensch sucht Höhe, will sich von Gott gleichsam auf den Flügeln des Gebetes emportragen lassen. Für die Christen haben die ausgebreiteten Arme aber zugleich auch christologische Bedeutung: Sie erinnern uns an die ausgebreiteten Arme Christi am Kreuz. Der Gekreuzigte hat der urmenschlichen Gebetsgebärde eine neue Tiefe gegeben. Indem wir die Arme ausbreiten, wollen wir mit dem Gekreuzigten beten, uns seiner »Gesinnung« (Phil 2,5) einen. In den auseinandergerissenen Armen Christi am Kreuz haben die Christen zweierlei Bedeutung gesehen: Es ist auch bei ihm, gerade bei ihm, die radikale Form der Anbetung, der Einheit des menschlichen Willens mit dem Willen des Vaters; aber zugleich sind diese Arme geöffnet auf uns hin – sind die weite Umarmung, mit der Christus uns an sich ziehen möchte (Joh 12,32). Anbetung Gottes und Liebe zum Nächsten – der Inhalt des Hauptgebotes, in dem Gesetz und Propheten zusammengefaßt sind – fallen in dieser Gebärde ineinander; die Öffnung zu Gott, die vollständige Übereignung an ihn, ist zugleich untrennbar Zuwendung zum Nächsten. Diese Verschmelzung der beiden Richtungen, die im Kreuzesgestus Christi liegt, zeigt die neue Tiefe des christlichen Betens körperlich sichtbar an und drückt so auch das innere Gesetz unseres Betens aus.

Später hat sich die Gebärde der gefalteten Hände entwickelt, die wohl aus dem Lehenswesen stammt: Der Empfänger des Lehens legt bei dessen Übernahme seine Hände gefaltet in die Hand des Herrn – ein wunderbarer symbolischer Vorgang: Ich lege meine Hände in die deinen, lasse sie von den deinen umschließen. Das ist Ausdruck des Vertrauens ebenso wie der Treue. In der Priesterweihe ist dies erhalten geblieben. Der Neugeweihte empfängt den priesterlichen Auftrag gleichsam als Lehen, zu Lehen. Er ist ja Priester nicht aus sich selbst, nicht aus eigenem Können und Vermögen, sondern durch die Gabe des Herrn, die immer Gabe bleibt und nie einfach sein Eigentum, ein eigenes Können wird. Der Neupriester nimmt die Gabe und den Auftrag des Priestertums als Gabe vom anderen – von Christus – her und weiß, daß er immer nur »Verwalter der Geheimnisse Gottes« (1 Kor 4,1), »ein guter Verwalter der vielfältigen Gnade Gottes« (1 Petr 4,10) sein kann und darf. Seine ganze Existenz muß er einsetzen, um es zu werden. Und dies geschieht wiederum nur im gemeinsamen »Haus Gottes« (vgl. Hebr 3,2–6), der Kirche, in der der Bischof an der Stelle Christi den einzelnen in das Priestertum, ins Treueverhältnis zu Christus aufnimmt. Wenn der Weihekandidat seine gefalteten Hände in die Hände des Bischofs legt und ihm Ehrfurcht und Gehorsam verspricht, so gibt er seinen Dienst in die Kirche als den lebendigen Leib Christi hinein, so legt er seine Hände in die Hände Christi, vertraut sich ihm an und gibt ihm die eigenen Hände, daß sie seine seien. Was im Lehenswesen fragwürdig sein mag, wie alle menschliche Herrschaft fraglich ist und nur als Vertretung und Treue zum wirklichen Herrn gerechtfertigt werden kann, das empfängt seinen wahren Sinn im Verhältnis des Glaubenden zu Christus, dem Herrn. Wenn wir betend die Hände falten, dann steht eben dies dahinter: Wir legen unsere

Hände in die seinen, legen mit den Händen unser Geschick in seine Hand; vertrauend auf seine Treue sagen wir ihm unsere Treue zu.

Über das Knien als Gebetsgebärde haben wir schon vorhin gesprochen. Ergänzend möchte ich an dieser Stelle noch das Sich-Beugen erwägen. Eines der Annahmegebete des Römischen Kanon (Erstes Hochgebet) beginnt mit den Worten »Supplices – tiefgebeugt – flehen wir zu dir«. Hier gehen wieder die körperliche Gebärde und der seelische Vorgang untrennbar ineinander über. Es ist die Gebärde des Zöllners, der weiß, daß er eigentlich den Anblick Gottes nicht ertragen kann und der sich darum beugt. Und doch bittet dieses Gebet gerade darum, daß unser Opfer vor das Gesicht Gottes, in seinen Blick komme und uns Segen werde. Aus der Tiefe unseres Ungenügens rufen wir auf zu Gott, damit er uns aufrichte, uns fähig mache, ihn anzuschauen, und uns so mache, daß er uns anschauen mag. Das »Supplices« – tiefgebeugt – ist sozusagen der körperliche Ausdruck für das, was die Bibel Demut nennt (Phil 2,8: Er erniedrigte sich). Für die Griechen war Demut eine knechtische Haltung, die sie ablehnten. Die Umwertung der Werte, die das Christentum brachte, sieht etwas anderes darin. Demut wird nun als Seinsgemäßheit, als Entsprechung zur Wahrheit des Menschen zu einer Grundhaltung christlicher Existenz. Augustinus hat seine ganze Christologie, ja, ich würde sagen: seine Apologie des Christentums auf den Begriff humilitas (Demut) aufgebaut: Er konnte an das Wissen der Alten, gerade auch der griechischen und römischen Welt anknüpfen, daß die Hybris – der selbstherrliche Stolz – die eigentliche Sünde aller Sünden ist, wie sie uns in der Geschichte vom Fall Adams exemplarisch erscheint. Der Hochmut, der Seinslüge ist, in der der Mensch sich zu Gott macht, wird überwunden in der Demut Gottes, der sich selbst zum Knecht macht, der sich herunterbeugt zu uns. Wer Gott nahekommen will, muß aufschauen können – das ist wesentlich. Aber er muß ebenso sich zu bücken lernen, denn Gott selbst hat sich gebückt: In der Geste der demütigen Liebe, in der Fußwaschung, in der er zu unseren Füßen kniet – da finden wir ihn. So ist das Supplices eine Gebärde von großem Tiefgang; sie erinnert uns körperlich an die seelische Haltung, die dem Glauben wesentlich ist. Erstaunlicherweise haben mehrere moderne Übersetzungen das Supplices einfach weggelassen. Vielleicht hielten sie den körperlichen Ausdruck, der damit in der Tat verschwunden ist, für unwichtig; vielleicht auch für unschicklich für einen modernen Menschen. Sich vor Menschen zu beugen, um ihre Gunst zu erwerben, ist in der Tat unangemessen. Aber sich vor Gott zu beugen ist nie unmodern, weil es der Wahrheit unseres Seins entspricht. Und wenn der moderne Mensch es verlernt haben sollte, dann ist es um so mehr unsere Aufgabe als Christen in der modernen Welt, es wieder zu erlernen und es auch unsere Mitmenschen zu lehren.

Aus der eben schon erwähnten Geschichte vom Pharisäer und vom Zöllner (Lk 18,9–14) ist noch eine weitere Geste auf die Christenheit gekommen: das Klopfen an die Brust. Es war im Nordafrika des heiligen Augustinus offenbar sehr beliebt und in etwas übertriebener und veräußerlichter Weise geübt, so daß der Bischof von Hippo seine Gläubigen mit sanfter Ironie ermahnte, das »Sündenpflastern« etwas zu mäßigen. Aber die Gebärde, mit der wir einmal nicht auf den anderen als Schuldigen, sondern auf uns selber zeigen, bleibt eine sinnvolle Gebetsgebärde. Denn eben dies haben wir immer wieder nötig, uns selber als schuldig zu erkennen und anzuerkennen und so auch Vergebung zu erbitten. Beim »Mea culpa« (»durch meine Schuld«) kehren wir sozusagen in uns selber ein, kehren vor unserer eigenen Tür und können so zu Recht Gott, die Heiligen und die Versammelten um uns, an denen wir schuldig wurden, um Verzeihung bitten. Beim Agnus Dei (»Lamm Gottes«) schauen wir auf den hin, der der Hirte ist und für uns Lamm wurde, als Lamm unsere Schulden trug; so ist es nur richtig, auch in diesem Augenblick an die Brust zu klopfen und uns selber auch körperlich daran zu erinnern, daß unsere Schulden auf seinen Schultern lagen, daß wir »durch seine Striemen geheilt sind« (Jes 53,5).

5. *Die menschliche Stimme*

Es ist klar, daß in der Liturgie des Logos – des Ewigen Wortes – das Wort und so auch die menschliche Stimme eine wesentliche Rolle spielt. In diesem kleinen Buch, in dem es nicht um Anleitung zur liturgischen Praxis, sondern um Einsichten in den Geist der Liturgie geht, brauchen wir nicht die einzelnen Formen zu besprechen, wie die menschliche Stimme in der Liturgie eingesetzt wird; manches davon haben wir schon in früheren Kapiteln, besonders bei der Frage nach der sakralen Musik, gesehen. Da gibt es zunächst die »oratio«, die priesterliche Gebetsrede, in der der Priester namens der ganzen Gemeinde durch Christus im Heiligen Geist zum Vater spricht. Da gibt es die verschiedenen Formen der Verkündigung: die Lesungen (»Prophet und Apostel« sagte man in der alten Kirche, wobei man das ganze Alte Testament als Prophetie verstand), das (im hohen Gottesdienst feierliche, gesungene) Evangelium, die Auslegung, die im engeren Sinn dem Bischof, dann auch Priester und Diakon zukommt. Da gibt es dann die Ant-Wort, mit der die versammelte Gemeinde das Wort aufnimmt und annimmt. Diese Struktur von Wort und Antwort, die für die Liturgie wesentlich ist, bildet die grundlegende Struktur des Offenbarungsvorganges als solchen ab, in dem Wort und Antwort, das Reden Gottes und das empfangende Hören der Braut, der Kirche, zusammengehören.

Die Antwort hat in der Liturgie verschiedene Formen, etwa die Akklamation (»Zuruf«), die vom antiken Rechtswesen her von hoher Bedeutung war. Der antwortende Zuruf bestätigt das Ankommen des Wortes und macht den Prozeß der Offenbarung, der Selbstgabe Gottes im Wort erst vollständig. Hierher gehört das *Amen*, das *Halleluja*, das *Et cum spiritu tuo* usw. Es ist ein wichtiges Ergebnis der liturgischen Erneuerung, daß das Volk wirklich wieder in der Akklamation antwortet und dies nicht einem Stellvertreter, dem Ministranten, überlassen muß. Erst so ist die wahre liturgische Struktur wiederhergestellt, die ihrerseits, wie wir eben sahen, die Grundstruktur von

Gottes Handeln im Gottesdienst konkretisiert: Gott, der Offenbarende, wollte nicht im *solus Deus, solus Christus* (Gott allein, Christus allein) verbleiben, sondern sich einen Leib schaffen, eine Braut finden – er sucht nach Antwort. Dafür ist das Wort überhaupt ergangen. Neben der Akklamation stehen die verschiedenen Formen meditativer Aufnahme des Wortes, besonders im Psalmengesang (aber auch im Lied), dessen unterschiedliche Weisen (responsoriale und antiphonale Form) hier nicht erörtert werden müssen. Und dann gibt es da das »neue Lied«, das große Singen der Kirche als Zugehen auf die Musik des neuen Himmels und der neuen Erde. Deswegen haben neben dem Singen der Gemeinde in der christlichen Liturgie von ihrem Wesen her der Chor und auch die Instrumente ihren ihnen zukommenden Platz, den ihnen kein Purismus des allgemeinen Singens streitig machen darf. Die jeweiligen örtlichen Möglichkeiten werden natürlich immer sehr verschieden sein, aber daß die Kirche als Ganze für Gott nach dem Höchsten trachten muß, nach einer Kultur, die maßstäblich wird auch für alle weltliche Kultur, folgt aus dem Wesen des Gottesdienstes mit innerer Notwendigkeit.

Immer deutlicher werden wir inne, daß zur Liturgie auch das Schweigen gehört. Dem redenden Gott antworten wir singend und betend, aber das größere Geheimnis, das über alle Worte hinausgeht, ruft uns auch ins Schweigen. Freilich, es muß ein gefülltes Schweigen sein, mehr als Abwesenheit von Rede und Aktion. Von der Liturgie erwarten wir uns gerade dies, daß sie uns die positive Stille gibt, in der wir zu uns selber finden – die Stille, die nicht bloß Pause ist, in der uns tausend Gedanken und Wünsche überfallen, sondern Einkehr, die uns von innen her Frieden gibt, uns aufatmen läßt, das verschüttete Eigentliche aufdeckt. Deswegen kann man schweigen auch nicht einfach »machen«, es als eine Aktion unter anderen anordnen. Daß heute allenthalben Versenkungsübungen gesucht werden, eine Spiritualität des Leerwerdens, ist kein Zufall: Ein inneres Bedürfnis des Menschen meldet sich zu Wort, das in unserer gegenwärtigen Gestalt von Liturgie offenbar nicht zu seinem Recht kommt.

Damit das Schweigen fruchtbar sei, darf es – wie gerade schon gesagt – nicht einfach eine Aktionspause in der Liturgie, sondern muß ein wirklich innerer Bestandteil ihres Geschehens sein. Wie geht das? Man hat in letzter Zeit zwei kurze Schweigezeiten in die Liturgie einzubringen versucht, die die Antwort bringen sollen: Zum einen schlägt man eine kurze Besinnungspause nach der Predigt vor, zum anderen bietet sich die Zeit nach dem Empfang der heiligen Kommunion als Möglichkeit innerer Einkehr an. Die Schweigepause nach der Predigt hat sich als wenig befriedigend erwiesen; sie wirkt künstlich, man wartet im Grunde nur, wie lange der Zelebrant sie wohl laufen lassen wird. Oft läßt auch die Predigt mehr Fragen oder Widerspruch als Einladung zur Begegnung mit dem Herrn zurück. Sie sollte im allgemeinen mit einer Gebetsanregung schließen, die der kleinen Pause Inhalt gibt. Aber auch dann bleibt dies eine Pause in der Liturgie, und es wird nicht selbst Liturgie des Schweigens daraus. Hilfreicher und von innen her sachgemäßer ist die Stille nach dem Kommunionempfang: Dies ist in der Tat der Augenblick für eine innere Zwiesprache mit dem Herrn, der sich uns geschenkt hat – für das notwendige »Kommunizieren«, Eintreten in den Vorgang der Kommunikation, ohne die der äußere Empfang des Sakraments zu bloßem Ritus und damit unfruchtbar wird. Leider stellen sich auch hier häufig Hindernisse entgegen, die diesen an sich kostbaren Augenblick beeinträchtigen können: Die Kommunionausteilung geht weiter mit der Unruhe des Hin- und Zurückgehens; da sie oft im Verhältnis zur übrigen liturgischen Handlung zu lang dauert, hat der Priester hernach das Bedürfnis, zügig mit der Liturgie fortzufahren, damit keine leere Zeit des Wartens und keine innere Unruhe entsteht, wenn manche sich schon zum Aufbruch rüsten. So gut es irgend geht, sollte diese Kommunionstille freilich genutzt und den Gläubigen auch Anleitung zum inneren Beten gegeben werden. Schließlich wird die Gabenbereitung da und dort als Zeit der Stille angeboten. Das ist dann sehr sinnvoll und fruchtbar, wenn die Bereitung nicht nur als notwendige äußere Aktion, sondern als ein wesentlich innerer Vorgang aufgefaßt wird – wenn man sieht, daß die eigentliche Gabe des »worthaften Opfers« wir selber sind oder es werden sollen durch unser Eingehen in den Akt der Selbstdarbringung Jesu Christi an den Vater, wovon im ersten Teil die Rede war. So ist dann diese Stille nicht ein bloßes Abwarten, bis etwas Äußerliches getan ist, sondern dem äußerlichen Vorgang entspricht ein innerer Prozeß – die Bereitung unserer selbst; wir machen uns auf den Weg, stellen uns vor den Herrn hin; bitten ihn, daß er uns zur Verwandlung bereitmache. Gemeinsames Schweigen ist dann gemeinsames Beten, ja gemeinsames Handeln; ist Unterwegssein aus dem Ort unseres Alltags auf den Herrn zu, auf die Gleichzeitigkeit mit ihm. Liturgische Bildung müßte es als ihre Aufgabe ansehen, zu diesem inneren Vorgang zu verhelfen, damit die Gemeinsamkeit des Schweigens wahrhaft liturgisches Geschehen und so gefülltes Schweigen werde.

Die Struktur der Liturgie selbst sieht weitere Momente des Schweigens vor. Da ist zunächst die Wandlungsstille bei der Erhebung der verwandelten Gestalten. Sie lädt uns ein, den Blick auf Christus zu richten, ihn von innen her anzuschauen, in einem Schauen, das Dank und Anbetung und Bitte um die eigene Verwandlung in einem ist. Es gibt modische Einwände, die uns die Wandlungsstille ausreden wollen. Das Vorzeigen der Gaben sei ein mittelalterlicher Irrtum, durch den die Struktur des Hochgebets gestört werde; es sei Ausdruck einer falschen, zu grob materiell aufgefaßten Frömmigkeit, und es stehe nicht im Einklang mit der inneren Richtung der Eucharistie: Da sei in diesem Augenblick nicht Christus anzubeten, der Angeredete sei vielmehr im ganzen Kanon der Vater, durch den wir zu Christus beten. Es ist nicht nötig, hier im einzelnen auf diese Kritiken einzugehen. Die wesentliche Antwort ist mit dem gegeben, was im zweiten Teil über die Verehrung der heiligsten Eucharistie und über das innere Recht der mittelalterlichen Entwicklungen gesagt wurde, die entfalteten, was von Anfang an im Glauben der Kirche gegeben war. Es ist richtig, daß der Kanon trinitarisch gebaut ist und daher als Ganzer sich in der Richtung »durch Christus im Heiligen Geist zum Vater«

bewegt. Aber die Liturgie kennt da keine starren Fixierungen. Das 1970 reformierte Missale legt uns selber den Gruß an den Herrn auf die Lippen: »Deinen Tod, o Herr, verkünden wir, und deine Auferstehung preisen wir, bis du kommst in Herrlichkeit.« Denjenigen, der glaubend und betend an der Eucharistie teilnimmt, muß der Augenblick zuinnerst erschüttern, in dem der Herr herniedersteigt und Brot und Wein umwandelt, so daß sie nun sein Leib und sein Blut werden. Es kann gar nicht anders sein, als daß wir vor diesem Geschehen in die Knie sinken und ihn grüßen. Die Wandlung ist der Augenblick der großen »actio« Gottes in der Welt für uns. Sie reißt unseren Blick und unser Herz hoch. Einen Augenblick schweigt die Welt, schweigt alles, und in diesem Schweigen ist Berührung mit dem Ewigen – treten wir für einen Herzschlag aus der Zeit heraus, in Gottes Mitsein mit uns hinein.

Ein weiterer, von der Liturgie selbst vorgegebener Ansatz zur erfüllten Stille, die die liturgische Handlung nicht unterbricht, sondern ihr zugehört, sind die stillen Priestergebete. Von einer soziologisch-aktionistischen Sicht der priesterlichen Aufgabe in der Eucharistie her werden sie verpönt und möglichst ausgelassen. Man definiert den Priester allein soziologisch und funktional als »Vorsteher« der liturgischen Feier, die nach Art einer Versammlung aufgefaßt wird. Dann muß er natürlich immer für die Versammlung in Aktion sein. Aber die priesterliche Aufgabe in der Eucharistie ist mehr als der Vorsitz in einer Versammlungsrunde. Der Priester ist Vor-steher in der Begegnung mit dem lebendigen Gott und auch als Person auf dem Weg zu ihm. Die stillen Priestergebete laden ihn zur Verpersönlichung seines Auftrags ein, daß er auch mit seinem eigenen Ich sich dem Herrn hingebe. Sie sind zugleich eine hervorgehobene Weise, wie alle je ganz persönlich und doch ganz miteinander dem Herrn entgegengehen. Die Zahl dieser Priestergebete ist in der Liturgiereform stark reduziert worden, aber es gibt sie gottlob nach wie vor und muß sie geben. Da ist zunächst ein kurzes Vorbereitungsgebet vor der Verkündigung des Evangeliums. Es sollte vom Priester wirklich still und andächtig gebetet werden, im Wissen um die Verantwortung, das Evangelium recht zu verkünden; im Wissen darum, daß wir dazu der Reinigung der Lippen und des Herzens bedürfen. Wenn der Priester dies tut, wird es auch die Gemeinde auf die Würde und Größe des Evangeliums hinführen und sie das Ungeheure erkennen lassen, daß Gottes Wort in unsere Mitte eintritt; es wird Ehrfurcht und einen Raum des Hörens schaffen. Wieder ist natürlich liturgische Erziehung notwendig, damit der Sinn des Vorgangs erkannt wird und damit in diesem Augenblick alle nicht nur körperlich aufstehen, sondern sich inwendig erheben und die Ohren des Herzens für das Evangelium öffnen. Von der Bedeutung der Gabenbereitung, die in der neuen Liturgie nicht ganz klar ist, haben wir schon gesprochen. Dem Kommunionempfang gehen zwei sehr schöne und tiefe Gebete voraus, die man – um zu lange Stille zu vermeiden – inzwischen zur Wahl gestellt hat. Vielleicht wird man sich später wieder Zeit für beide nehmen. Aber auch wenn jetzt nur eines davon gebetet wird, sollte der Priester um so mehr dieses wirklich in gesammelter Stille beten als eine persönliche Bereitung für den Herrn, die auch alle anderen zur Stille vor der heiligen Gegenwart bringt, damit der Kommuniongang nicht zur bloßen Äußerlichkeit verkommt. Das ist um so mehr notwendig, als bei der gegenwärtigen Ordnung durch den Friedensgruß häufig eine große Unruhe in der Gemeinde entsteht, in die dann sehr unvermittelt die Einladung hineinplatzen kann, auf das Lamm Gottes zu schauen. Wenn in einem Augenblick der Stille wirklich alle die Augen des Herzens auf das Lamm richten, kann dies eine Zeit gesegneten Schweigens werden. Auch nach dem Kommunionempfang sind zwei stille Dankgebete des Priesters vorgesehen, die wiederum von den Gläubigen je auf ihre Weise mitvollzogen werden können und sollen. Ich möchte an dieser Stelle erwähnen, daß in alten Gebetbüchern neben manchem Kitschigen viel wertvolles Gebetsgut zu finden ist, das aus tiefer innerer Erfahrung gewachsen ist und auch heute wieder zu einer Gebetsschule werden kann. Was Paulus im Römerbrief sagt, daß wir nicht wissen, was wir beten sollen (8,26), gilt heute noch viel mehr: Wir sind so oft wortlos Gott gegenüber. Ja, der Heilige Geist lehrt uns beten, gibt uns die Worte, wie Paulus sagt, aber er bedient sich auch menschlicher Vermittlung. Gebete, die aus dem Herzen gläubiger Menschen unter der Führung des Heiligen Geistes aufgestiegen sind, sind eine uns vom Heiligen Geist angebotene Schule, die langsam unseren stummen Mund öffnet und uns hilft, beten zu lernen und die Stille zu füllen.

Zum Verdruß mancher Liturgiker habe ich 1978 einmal gesagt, daß keineswegs immer der ganze Kanon laut gesprochen werden *muß*. Ich möchte das nach allem Überlegen hier noch einmal nachdrücklich wiederholen in der Hoffnung, daß sich Jahre später mehr Verständnis für diese These finden läßt. Inzwischen haben die deutschen Liturgiker bei ihren Bemühungen für eine Reform des Missale selbst ausdrücklich bekundet, daß ausgerechnet der Höhepunkt der Eucharistiefeier, das Hochgebet, zu ihrem eigentlichen Krisenpunkt geworden ist. Man hatte dem seit der Reform zunächst durch die Erfindung fortwährend neuer Hochgebete zu begegnen gesucht und ist damit immer noch weiter ins Banale abgesunken. Die Vermehrung der Wörter hilft nicht, das ist inzwischen allzu offenkundig. Die Liturgiker schlagen nun mancherlei Hilfen vor, die durchaus Bedenkenswertes enthalten. Aber soweit ich sehen kann, sperren sie sich nach wie vor gegenüber der Möglichkeit, daß auch Stille, gerade Stille Gemeinschaft vor Gott bilden kann. Es ist doch kein Zufall, daß man in Jerusalem schon sehr früh Teile des Kanons still gebetet hat und daß im Westen die Kanonstille – zum Teil überlagert von meditativem Gesang – zur Norm geworden war. Wer dies alles nur als Folge von Mißverständnissen abtut, macht es sich zu leicht. Es ist gar nicht wahr, daß der vollständige, ununterbrochene laute Vortrag des Hochgebets die Bedingung für die Beteiligung aller an diesem zentralen Akt der Eucharistiefeier sei. Mein Vorschlag von damals war: Zum einen muß liturgische Bildung erreichen, daß die Gläubigen die wesentliche Bedeutung und die Grundrichtung des Kanons kennen. Zum anderen sollten etwa die ersten Worte der einzelnen Gebete gleichsam als Stichwort für die versammelte Gemeinde laut gesprochen werden, so daß dann das stille Gebet jedes einzelnen die Intonation aufnehmen und das Persönliche ins Gemeinsame, das Gemeinsame ins Persönliche hineintragen kann. Wer je eine im stillen Kanongebet geeinte Kirche erlebt hat, der hat erfahren, was wirklich gefülltes Schweigen ist, das zugleich ein lautes und eindringliches Rufen zu Gott, ein geisterfülltes Beten darstellt. Hier beten wirklich alle gemeinsam den Kanon, wenn auch in der Bindung an den besonderen Auftrag des priesterlichen Dienstes. Hier sind alle geeint, von Christus ergriffen, vom Heiligen Geist hineingeführt ins gemeinsame Gebet vor dem Vater, das das wahre Opfer ist – die Gott und Welt versöhnende und einende Liebe.

6. *Das liturgische Kleid*

Das liturgische Gewand, das der Priester bei der Feier der heiligen Eucharistie trägt, soll zunächst deutlich machen, daß er hier nicht als Privatperson, als dieser oder jener da ist, sondern an der Stelle eines anderen steht – Christus. Sein bloß Privates, Individuelles soll verschwinden und Christus Raum gegeben werden. »Nicht mehr ich lebe, sondern Christus lebt in mir« – dieses Wort, mit dem der heilige Paulus die Neuheit des getauften Menschen aus ganz persönlicher Christuserfahrung heraus ausdrückt (Gal 2,20), hat für den zelebrierenden Priester eine spezifische Geltung. Nicht er ist wichtig, sondern Christus. Nicht sich teilt er den Menschen mit, sondern ihn. Er macht sich zum Werkzeug für Christus, er handelt nicht aus Eigenem, sondern als Bote, ja, als Gegenwart des anderen – »in persona Christi«, wie die liturgische Tradition sagt. Unmittelbar erinnert uns das liturgische Kleid an die Texte, in denen Paulus vom Anziehen Christi spricht: »Ihr, die ihr auf Christus getauft worden seid, habt Christus angezogen«, sagt er im Galaterbrief (3,22). Im Römerbrief ist das Bild mit der Gegenüberstellung zweier Weisen zu leben verbunden. Denen gegenüber, die ihr Leben in maßlosem Essen und Trinken, in Unzucht und Ausschweifung vergeuden, zeigt Paulus den christlichen Weg: Tut nicht dies, »sondern zieht den Herrn Jesus Christus an und betreibt nicht die Sorge des Fleisches auf die Begierden hin« (13,14). Im Epheser- und im Kolosserbrief wird derselbe Gedanke noch grundsätzlicher gefaßt auf die Anthropologie des neuen Menschen hin: »Zieht den neuen Menschen an, der nach Gott geschaffen ist in Gerechtigkeit und Heiligkeit der Wahrheit« (Eph 4,24). »Zieht den neuen Menschen an, der erneuert ist auf Erkenntnis hin gemäß dem Bild dessen, der ihn geschaffen hat, wo es nicht mehr Jude noch Grieche, nicht mehr Beschneidung noch Unbeschnittenheit, nicht mehr Barbaren, Skythen, Knechte und Freie gibt, sondern alles und in allem Christus« (Kol 3,10f). Man nimmt an, daß das Bild vom Anziehen Christi vielleicht in Analogie zum Anziehen von Kultmasken der betreffenden Gottheit bei der Einweihung in die Mysterienkulte geformt sei. Bei Paulus geht es nicht mehr um Maske und Ritus, sondern um den Vorgang einer inneren Verwandlung, der auf Erneuerung des Menschen von innen her zielt, auf das wirkliche Gott-ähnlich-Werden und so auch auf die Einheit der Menschen hin, auf die Überwindung der Schranken, die aus der Sündengeschichte des Menschen gewachsen sind und immer neu wachsen. Das Bild vom Anziehen Christi ist daher ein dynamisches Bild, auf Verwandlung des Menschen und der Welt, auf die neue Menschheit hin angelegt. An dies alles, an dieses Christuswerden und an die neue Gemeinschaft, die daraus entstehen soll, erinnert das liturgische Gewand. Es fordert den Priester heraus, sich in die Dynamik einer Ent-Werdung aus dem abgekapselten Eigenen heraus und einer Neuwerdung von Christus her und auf Christus zu hineinzubegeben. Es erinnert die Teilnehmenden an den neuen Weg, der mit der Taufe begonnen hat und der in der Eucharistie weitergeht auf die kommende Welt hin, die sich vom Sakrament her schon in unserem Alltag abzeichnen soll.

Die eschatologische Ausrichtung, die im Bild vom Gewand liegt, hat Paulus in den beiden Korintherbriefen noch weiter ausgearbeitet.

Im ersten Korintherbrief sagt er: »Dieses Vergängliche muß sich mit Unvergänglichkeit bekleiden und dieses Sterbliche mit Unsterblichkeit« (15,53). Einen noch tieferen Einblick in sein Ringen und Hoffen gibt uns der Apostel im fünften Kapitel des zweiten Korintherbriefs. Paulus bezeichnet den Leib dieser Erdenzeit als »irdisches Zelt«, das abgebrochen wird, und blickt voraus auf ein nicht von Menschenhand errichtetes ewiges Haus im Himmel. Er hat Angst vor dem Abbruch des Zeltes, Angst vor der »Nacktheit«, in der er dann dastehen wird. Seine Hoffnung ist es, nicht entkleidet, sondern »überkleidet« zu werden, das »himmlische Haus« – den endgültigen Leib – als neues Kleid zu erhalten. Der Apostel will den Leib nicht ablegen, nicht leiblos sein. Er will nicht die Flucht der Seele aus dem »Kerker des Leibes«, wie es die von Platon aufgenommene pythagoreische Überlieferung sieht. Er will nicht Flucht, sondern Verwandlung. Er hofft auf Auferstehung. Die Theologie des Kleides wird so zu einer Theologie des Leibes. Der Leib ist mehr als äußerliche Verkleidung des Menschen – er gehört zum Sein des Menschen selbst, zu seinem Wesensbestand. Und dennoch – dieser Leib zerfällt, er ist nur ein Zelt. Er ist vorläufig. Aber er ist zugleich Vorgriff auf den endgültigen Leib, die endgültige Vollgestalt des Menschseins. Das liturgische Kleid trägt auch diese Botschaft in sich. Es ist »Überkleidung«, nicht »Entkleidung«, und die Liturgie führt uns auf den Weg dieser Überkleidung, auf den Weg der Rettung des Leibes im auferstandenen Leib Jesu Christi, der das neue, »nicht von Menschenhand gemachte ewige Haus im Himmel« ist (2 Kor 5,1). Der Leib Christi, den wir in der Eucharistie empfangen, dem wir in der Eucharistie geeint werden (»ein Leib mit ihm«, vgl. 1 Kor 6,12–20), rettet uns vor der »Nacktheit« – vor der Blöße, in der wir vor Gott nicht stehen könnten. Ich habe von dieser paulinischen Sicht her die alte Spendeformel der Eucharistie sehr geliebt: »Der Leib Christi bewahre deine Seele zum ewigen Leben.« Dieses Wort wendet die Lehre von 2 Kor 5,1–10 ins Gebet. Die Seele allein wäre ein trauriges Fragment. Aber schon vor der gemeinsamen Auferstehung aller tritt sie in den Leib Christi ein, der gleichsam unser Leib wird, wie wir sein Leib werden sollen. Der Leib (Christi) rettet die Seele zum ewigen Leben – für griechisches Denken ein unsinniges Paradox, vom auferstandenen Christus her lebendige Hoffnung. Das liturgische Kleid weist über die Bedeutung äußerer Gewänder hinaus – es ist Vorgriff auf das neue Kleid, den auferstandenen Leib Jesu Christi, auf das Neue hin, das uns nach dem Abbruch des »Zeltes« erwartet und uns »Bleibe« gibt (vgl. Joh 14,2: »Im Hause meines Vaters sind viele Wohnungen«; das Wort, das hier für Wohnungen steht, heißt eigentlich »Bleibe«, gerade um auf die Endgültigkeit, das Bleibendürfen zu verweisen).

Die Väter haben beim Gedanken an die Theologie des Kleides noch zwei andere Texte mitgehört, die wir daher in unsere Überlegungen zum besseren Verständnis des liturgischen Gewandes miteinbeziehen wollen. Da ist zunächst die Geschichte vom verlorenen Sohn, in der der Vater nach der Umarmung des Heimgekehrten die Weisung gibt: »Holt schnell das beste Gewand …« (Lk 15,22). Im griechischen Text steht: das »erste« Gewand, und so haben die Väter es gelesen und gehört. Das erste Gewand – es ist für sie das Gewand, in dem Adam geschaffen wurde und das er verlor durch den Griff nach der Gottgleichheit. Alle Gewänder, die der Mensch seither trägt, sind nur armseliger Ersatz für das von innen kommende Licht Gottes, das sein wahres »Gewand« war. So haben die Väter in der Geschichte vom verlorenen Sohn und seiner Heimkehr die Geschichte vom Fall Adams, vom Gefallensein des Menschen mitgehört (vgl. Gen 2,7) und das Gleichnis Jesu zugleich als Botschaft von der Heimkehr und der Versöhnung des Menschen überhaupt verstanden: Der im Glauben Heimgekehrte erhält das »erste« Gewand zurück, wird wieder in das Erbarmen und in die Liebe Gottes gekleidet, die seine wahre Schönheit sind. Das weiße Gewand, das bei der Taufe überreicht wurde, sollte diesen großen geschichtlichen Zusammenhang andeuten und zugleich vorausweisen auf das weiße Gewand der Ewigkeit, von dem die Apokalypse spricht (19,8) – Ausdruck der Reinheit und der Schönheit der Auferstandenen. Der große Bogen von Erschaffung und Fall Adams bis hin zum weißen Gewand der Ewigkeit ist im Symbolismus des liturgischen Kleides enthalten, dies alles getragen von der christologischen Mitte: Zieht Christus an – werdet jetzt schon eins mit ihm, jetzt schon Glieder seines Leibes.

7. Materie

Die katholische Liturgie ist Liturgie des fleischgewordenen Wortes – fleischgeworden auf Auferstehung hin. Und sie ist kosmische Liturgie, so hatten wir gesehen. So ist es klar, daß in ihr nicht nur der menschliche Leib und die Zeichen des Kosmos eine wesentliche Rolle spielen, sondern daß auch die Materie dieser Welt zu ihr gehört. Die Materie tritt in zweifacher Form in die Liturgie ein: zum einen in der Form vielfältiger Symbole – das heilige Feuer der Osternacht, die Kerze und wiederum die Flamme, die auf ihr brennt, die verschiedenen liturgischen Geräte, die Glocke, das Altartuch usw. Romano Guardini hat dem 20. Jahrhundert mit seinem kleinen Buch »Heilige Zeichen« das Verstehen dieser Symbolwelt neu erschlossen; Bischof Egon Kapellari hat uns ein Buch (»Heilige Zeichen in Liturgie und Alltag«) mit vielen Bildern geschenkt, in dem die Einsichten Guardinis weitergeführt, vertieft und vergegenwärtigt werden. So braucht darüber hier nicht gehandelt zu werden.

Die zweite, noch wichtigere Weise, wie die Materie dieser Welt in die Liturgie eintritt, finden wir in den Sakramenten, den auf Christus selbst zurückgehenden heiligen Handlungen, die im eigentlichen Sinn die christliche Liturgie ausmachen – eben weil sie nicht von Menschen erfunden, sondern im Kern vom Herrn selbst vorgegeben sind. Drei der sieben Sakramente beziehen sich unmittelbar auf den Menschen als Person an ganz bestimmten grundlegenden Knotenpunkten seines Lebens und brauchen daher keine andere »Materie« als eben den Menschen selbst in der Situation, auf die das Sakrament zielt. Da ist zunächst die Buße, in der wir als Sünder um das

Wort der Vergebung und der Erneuerung bitten; da ist die Priesterweihe, in der der Herr durch die Handauflegung des Bischofs Sendung und Vollmacht in der Nachfolge des Dienstes der Apostel schenkt; da ist die Ehe, in der zwei Menschen sich gegenseitig zu lebenslangem Zueinander schenken und damit reales, gelebtes und aktuelles Abbild des Bundes von Christus und der Kirche werden (vgl. Eph 5,27–32).

Aber da sind dann die vier Sakramente – Taufe, Firmung, Eucharistie, Krankensalbung –, in denen materielle Dinge Träger von Gottes Handeln an uns werden. Es geht in diesem kleinen Buch nicht darum, eine Theologie der Sakramente zu entwickeln. Ich möchte nur eben auf die Elemente hinweisen, die hier in die Liturgie als Vermittlung göttlichen Handelns hereintreten. Denn diese Elemente, die der Herr gewählt hat, sind vielsagend; sie müssen als solche meditiert werden, damit wir den Geist der Liturgie besser verstehen. Es sind dies das Wasser, das (Oliven-)Öl, das (Weizen-)Brot und der Wein. Erinnern wir uns hier in Klammern daran, daß von den vier Elementen der antiken Welt – Wasser, Luft, Feuer, Erde – die ersten drei alle als Sinnbilder des Heiligen Geistes stehen, während die Erde den Menschen darstellt, der aus der Erde kommt und in sie zurückkehrt. Feuer und Lufthauch sind im Symbolismus der Liturgie vielfach gegenwärtig, aber nur das Wasser, das einerseits von oben kommt und andererseits doch der Erde selbst zugehört, ist als Urelement des Lebens zu sakramentaler Materie im engeren Sinn geworden. Die kirchliche Überlieferung unterscheidet einen doppelten Symbolismus im Wasser: Das Salzwasser des Meeres ist Todessymbol, Drohung und Gefahr; es erinnert an das Rote Meer, das den Ägyptern tödlich wurde und aus dem die Israeliten gerettet worden sind. Taufe ist eine Art Durchgang durch das Rote Meer. Sie schließt ein Todesgeschehen mit ein. Sie ist mehr als Bad oder Abwaschung, sie rührt an den Grund der Existenz bis in den Tod hinunter. Sie ist Kreuzesgemeinschaft mit Christus: Eben das will das Bild vom Roten Meer sagen, das ein Bild von Tod und Auferstehung ist (vgl. Röm 6,1–11). Umgekehrt ist das Wasser der fließenden Quelle Ausdruck für die Quelle allen Lebens,

Lebenssymbol schlechthin. Darum war in der alten Kirche vorgeschrieben, die Taufe müsse mit »lebendigem Wasser«, mit Quellwasser erteilt werden, so daß Taufe als Anbruch neuen Lebens erfahrbar wird. Die Väter haben im Hintergrund dabei immer den Abschluß der Passionsgeschichte mitgehört, wie Johannes sie erzählt: Aus der geöffneten Seite Jesu fließen Blut und Wasser hervor; Taufe und Eucharistie entspringen dem durchbohrten Herzen Jesu. Er ist zum lebendigen Quell geworden, der uns selbst zu Lebendigen macht (Joh 19,34f; 1 Joh 5,6). Am Laubhüttenfest hatte Jesus prophezeit, daß aus demjenigen, der zu ihm komme und trinke, wiederum Ströme lebendigen Wassers fließen würden; »er sagte dies aber über den Heiligen Geist, den die empfangen sollten, die an ihn glauben« (Joh 7,38). Der Getaufte wird selbst zum Quell. Wenn wir an die großen Heiligen der Geschichte denken, von denen wirklich Ströme des Glaubens, der Hoffnung, der Liebe ausgegangen sind, verstehen wir dieses Wort und verstehen dann etwas von der Dynamik der Taufe, von der Verheißung und von dem Auftrag, den sie birgt.

Wenn wir die drei weiteren Elemente der Sakramente der Kirche ansehen – Olivenöl, Weizenbrot, Wein –, so fällt ein charakteristischer Unterschied zur Gabe des Wassers in die Augen. Während das Wasser gemeinsames Lebenselement für die ganze Erde und so geeignet ist, allerorten das Eingangstor in die Gemeinschaft mit Christus zu sein, handelt es sich bei den drei anderen Elementen um die typischen Gaben des Mittelmeerraums. Wir begegnen dieser Trias ganz ausdrücklich in dem herrlichen Schöpfungspsalm 104, wo der Beter Gott dankt, daß er dem Menschen Brot gibt von der Erde »und Wein, der das Herz des Menschen erfreut, damit sein Gesicht vom Öl erglänzt und Brot das Menschenherz stärkt« (Vers 14f). Diese drei Elemente des mediterranen Lebens stehen als Ausdruck für die Güte der Schöpfung, in der wir die Güte des Schöpfers selbst empfangen. Und nun werden sie Gabe einer noch höheren Güte: einer Güte, die unser Gesicht neu erglänzen läßt in der Ähnlichkeit mit dem »Gesalbten« Gottes, seinem geliebten Sohn Jesus Christus; einer Güte, die

Brot und Wein der Erde in Leib und Blut des Erlösers umwandelt, so daß wir durch den menschgewordenen Sohn mit Gott selbst, dem Dreieinigen, kommunizieren.

An dieser Stelle drängt sich heute der Einwand auf, diese Gaben hätten ihre Symbolkraft als solche nur im Mittelmeerraum; sie müßten daher in anderen Wachstumszonen durch die ihnen dort entsprechenden Elemente ersetzt werden. Es ist wieder dieselbe Frage, der wir begegnet sind, als wir von der Umkehrung der kosmischen Symbole des Jahreskreislaufs in der südlichen Hemisphäre sprachen. Wiederum gilt, daß im Zusammenspiel von Kultur und Geschichte der Geschichte der Vorrang zukommt. In ihr hat Gott unmittelbar gehandelt und durch sie den Gaben der Erde ihre Bedeutung verliehen; Sakramente werden die Elemente durch die Bindung an die einmalige Geschichte Gottes mit den Menschen in Jesus Christus. Inkarnation – wiederholen wir es – bedeutet nicht Beliebigkeit, sondern ganz im Gegenteil: Sie bindet uns an die äußerlich zufällig erscheinende Geschichte von damals, die doch die von Gott gewollte Form der Geschichte ist und für uns die verläßliche Spur, die er in die Erde eingeprägt hat; die Gewähr, daß wir nicht selber etwas erdenken, sondern wahrhaft von ihm angerührt werden und mit ihm in Berührung kommen. Gerade durch das Besondere des Einmaligen, des Hier und Dann, treten wir aus der Unverbindlichkeit des mythischen »Immer und Nie« heraus. Mit diesem besonderen Gesicht, mit dieser besonderen menschlichen Gestalt kommt Christus zu uns, und gerade so macht er uns zu Geschwistern über alle Grenzen hin. Gerade so erkennen wir: Es ist der Herr (Joh 21,7).

Anhang

Literaturhinweise

Allgemeine Literatur zum Thema Liturgie

G. Martimort (Hg.), L'Eglise en prière. Introduction à la Liturgie. Edition nouvelle, 4 Bde., Desclée 1983–1984.

H.B. Meyer – H. Auf der Maur – B. Fischer – A.A. Häußling – B. Kleinheyer (Hg.), Gottesdienst der Kirche. Handbuch der Liturgiewissenschaft, Pustet 1984ff. Bisher erschienen: Teil 3 (Gestalt des Gottesdienstes), Teil 4 (Eucharistie), Teil 5 und 6,1 (Feiern im Rhythmus der Zeit), Teil 7,1 (Sakramentliche Feiern I), Teil 7,2 (Sakramentliche Feiern I 2), Teil 8 (Sakramentliche Feiern).

M. Kunzler, Die Liturgie der Kirche. Amateca. Lehrbücher zur katholischen Theologie, Bd. X, Bonifatius 1995.

Ders., Porta orientalis. Fünf Ost-West-Versuche über Theologie und Ästhetik der Liturgie, Bonifatius 1993.

B. Lang, Heiliges Spiel. Eine Geschichte des christlichen Gottesdienstes, C.H. Beck 1998.

A. Adam – R. Berger, Pastoralliturgisches Handlexikon, Herder 1980 (Neuausgabe 1999).

D. Sartore – A. Triacca (Hg.), Nuovo Dizionario di Liturgia. Edizioni Paoline 1983.

J. Corbon, Liturgie de Source, Cerf 1980 (deutsch: Johannes Verlag 1981).

J. Ratzinger, Das Fest des Glaubens, Johannes Verlag 1981.

Ders., Ein neues Lied für den Herrn. Christusglaube und Liturgie in der Gegenwart, Herder 1995.

A. Nichols O.P., Looking at the Liturgy. A critical view of its contemporary form, Ignatius Press 1996.

Grundlegend ist die Darstellung der Theologie der Liturgie im Katechismus der katholischen Kirche (KKK), 1077–1112.

ERSTER TEIL

1. KAPITEL

Zum Thema Spiel ist besonders zu verweisen auf J. Huizinga, Homo ludens, Amsterdam 1939 (deutsch: Pantheon Verlag für Geschichte, Kultur und Politik o.J.) sowie auf das kostbare, ganz aus den Vätern schöpfende kleine Buch von H. Rahner, Der spielende Mensch, Johannes Verlag 1952.

R. Guardini hat in »Vom Geist der Liturgie« das besondere Wesen der Liturgie weitgehend vom Begriff des Spiels her entwickelt, aber in das kleine Buch ab der 4. und 5. Auflage (1920) ein neues Kapitel eingefügt »Vom Ernst der Liturgie«, das den Gedanken des Spiels deutlich begrenzt.

2. KAPITEL

Zum exitus-reditus-Schema darf ich verweisen auf:
J. Ratzinger, Die Geschichtstheologie des heiligen Bonaventura, München – Zürich 1959 (Eos, St. Ottilien 1992^{2}).

M. Seckler, Das Heil in der Geschichte. Geschichtstheologisches Denken bei Thomas v. Aquin, Kösel 1954.

J.P. Torrell, Initiation à St. Thomas d'Aquin, Fribourg 1993 (deutsch: Magister Thomas. Leben und Werk des Thomas von Aquin, Herder 1995).

3. KAPITEL

Die hier dargestellte Sicht des Weges vom AT zum NT und des Wesens der Liturgie überhaupt ist mir in langen Jahren des Umgangs mit der Schrift und der Liturgie zugewachsen. Vorentwürfe dafür mit entsprechenden Literaturverweisen findet man in den beiden oben genannten Werken »Das Fest des Glaubens« und »Ein neues Lied für den Herrn« sowie in dem in mehreren Sprachen veröffentlichen Beitrag »Eucharistie und Mission«, in: Forum kath. Theologie 14 (1998) 81–98.

ZWEITER TEIL

1. KAPITEL

Zu »Kirche zwischen den Testamenten« verweise ich auf J. Ratzinger, »Volk und Haus Gottes in Augustins Lehre von der Kirche« (Eos, St. Ottilien 1992[2]), 304–308.

Semel quia semper: Bernhard v. Clairvaux, Sermo 5 de diversis 1., Bernhard v. Clairvaux, Sämtliche Werke lateinisch/deutsch, hg. v. G. Winkler, IX (Innsbruck 1998), 218.

2. KAPITEL

Meine Darstellung orientiert sich weitgehend an L. Bouyer, Architecture et liturgie, Cerf 1991 (deutsch: Liturgie und Architektur, Johannes Verlag 1993). Die in Klammern genannten Seitenzahlen beziehen sich auf die deutsche Ausgabe.

Aus der überreichen Literatur zum Thema möchte ich nur noch nennen:

E. Norman, The House of God, London 1990 (deutsch: Das Haus Gottes, Kohlhammer 1990).

L.M. White. Building God's House in the Roman World. Baltimore – London 1990.

3. KAPITEL

Ich verweise hier nochmals auf Bouyer und mein »Fest des Glaubens«. Dort weitere Literatur.

4. KAPITEL

Zum Glauben an die Realpräsenz und seine Entfaltung in der Theologie verweise ich auf:

J. Betz, Die Eucharistie in der Zeit der griechischen Väter, Bd. II 1, Herder 1961.

Ders., Eucharistie in der Schrift und Patristik. Handbuch der Dogmengeschichte (Hg. Schmaus – Grillmeier – Scheffczyk – Seybold) IV 4a, Herder 1979.

H. de Lubac, Corpus mysticum. L'Eucharistie et l'Eglise au Moyen âge, Aubier 1949[2] (deutsch: Johannes Verlag 1969).

A. Gerken, Theologie der Eucharistie, Kösel 1973.

J.A. Sayes, La presencia real de Cristo en la Eucaristia, BAC Madrid 1976.

5. KAPITEL

Wie immer sind die oben genannten Handbücher der Liturgik zu vergleichen; zum Sonntag auch von mir »Ein neues Lied für den Herrn«; ferner nenne ich:

G. Voß, Christen auf der Suche nach einem gemeinsamen Osterdatum I und II, bes. II, in: KNA, Ökumenische Information Nr. 24-9, Juni 1998, 5–10.

G. Fedalto, Quando festeggiare il 2000? Problemi di cronologia cristiana, Edizioni San Paolo 1998.

E. Weigl, Die Oration »Gratiam tuam, quaesumus, Domine«. Zur Geschichte des 25. März in der Liturgie. (Dieser wichtige Beitrag liegt mir als Sonderdruck leider ohne Angabe des Erscheinungsortes vor.)

H. Schade, Lamm Gottes und Zeichen des Widders. Zur kosmologisch-psychologischen Hermeneutik der Ikonographie des »Lammes Gottes«, hg. von V.H. Elbern, Herder 1998.

H. Rahner, Griechische Mythen in christlicher Deutung, Darmstadt 1957 (Herder Basel 1989³, Neuausgabe Herder Freiburg 1993). Die Väterzitate sind diesem Buch entnommen.

DRITTER TEIL

1. KAPITEL

P. Evdokimov, L'art de l'icône. Theologie de la beauté, Desclée 1970. Die Seitenzahlen in Klammern beziehen sich auf dieses Buch.

K. Onasch, Kunst und Liturgie der Ostkirche in Stichworten unter Berücksichtigung der Alten Kirche. H. Böhlhaus 1981.

F. van der Meer, Die Ursprünge christlicher Kunst, Herder 1982.

Autori vari, Arte e liturgia. L'arte sacra a trent'anni dal concilio, Edizioni San Paolo 1983.

2. KAPITEL

K.G. Fellerer (Hg.), Geschichte der katholischen Kirchenmusik, Bärenreiter, I 1972; II 1976.

E. Jaschinski, Musica sacra oder Musik im Gottesdienst? Pustet 1990.

G. Ravasi, Il canto della rana. Musica e teologia nella Bibbia, Piemme 1990.

B. Forte, La porta della bellezza. Per un'estetica teologica, Morcelliana 1999, bes. 85–108.

Ich darf auch besonders auf meine entsprechenden Beiträge in »Fest des Glaubens« und »Ein neues Lied für den Herrn« verweisen.

VIERTER TEIL

1. KAPITEL

Einen guten Durchblick durch die orientalischen Riten bietet:
N. Bux, Il quinto sigillo, Libreria editrice Vaticana 1997.

Prasanna Vazheeparampil, The Making and Unmaking of Tradition. Rome 1998, bes. das Riten-Diagramm, 57.

Für die Kenntnis der weiten Welt der nicht-byzantinischen orientalischen Kirchen ist wichtig das große Werk von M. Zibawi, Orienti cristiani, Jaca Book 1995 (deutsch: Die christliche Kunst des Orients, Benziger 1995).

Hinweisen möchte ich auch auf den Artikel »Liturgien« in: LThK VI[3] 972–987.

2. KAPITEL

P.J. Cordes, Actuosa participatio – tätige Teilnahme, Bonifatius 1995.

E. Dinkler, Signum crucis. Aufsätze zum Neuen Testament und zur christlichen Archäologie, J.C.B. Mohr 1967, bes. 1–76.

H. Rahner, Griechische Mythen in christlicher Deutung (s.o.).

Eine hilfreiche Synthese der Väterzeugnisse bietet V. Pfnür, Das Kreuz. Lebensbaum in der Mitte des Paradiesgartens, in: M.-B. von Stritzky – Chr.

Uhrig (Hg.), Garten des Lebens. Festschrift für W. Cramer, Oros 1999, 203–222.

Der Abschnitt über das Knien stützt sich weitgehend auf: P. Sinoir, La prière à genoux dans l'Ecriture Sainte. Téqui, Paris o.J. (ca. 1997).

Vielfältige Hinweise zu den einzelnen Abschnitten dieses Kapitels finden sich in dem oben (3. Teil, 1. Kapitel) erwähnten Buch »Arte e liturgia«, bes. 139–209.

E. Kapellari, Heilige Zeichen in Liturgie und Alltag, Styria 1997.

Register

FSC
www.fsc.org
MIX
Papier | Fördert
gute Waldnutzung
FSC® C083411

Zeitfracht Medien GmbH
Ferdinand-Jühlke-Straße 7
99095 Erfurt, Deutschland
produktsicherheit@kolibri360.de